KB260102

불설무량수경

(佛說無量壽經)

불설무량수경

(佛說無量壽經)

漢譯 康僧鎧(강승개)

國譯 李極樂(이극락)

맑은소리
맑은나라

추천사

“내 불국토에 태어나는 보살들이 듣고 싶어 하는 법문이 있다면 ……”
“내 불국토에 태어나는 중생들과 내 불국토에 있는 모든 것들은 정결하고 찬란히 빛날 것이며……”

‘내 불국토’는 결국 이극락 님의 불국토가 자명하다. 8년이라는 짧지 않은 시간 동안 그는 여러 권의 불설무량수경 한글번역서를 읽었고, 다시 수정에 몰입했으며 이후 참역하는 기간을 거쳐 마지막 3개월은 윤문 작업에 몰두했다고 했다.
더욱이 2017년 불설무량수경을 처음 접한 이후 하루도 빠짐없이 독송을 해온 그는 ‘이극락’ 이라는 필명이 왜 필요했는지를 알게 했다.

지난해 여름, 우편으로 출판사에 답지한 불설무량수경 번역서 출간에 관한 서신은 자칫 의문을 갖게도 하였다. 오직 이메일을 통한 교유를 제안한 데는 적지 않은 당혹감을 주기도 하였으나 지나고 보니, 그 기간이 역해자에게는 오직 윤문에 집중한 시간이었던 것으로 이해가 가능했다. 그러니 '진짜' 와 '가짜' 는 긴 시간 속에서 드러난다는 말이 틀리지 않았다.

『불설무량수경』은 서분, 정종분, 유통분으로 크게 나뉜다. 그 세 챕터를 통해 아미타부처님은 극락세계를 건설한 이유와 중생의 극락왕생 인과를 설하고 있다. 더욱이 이번 책에서는 한글로 설명하면서도 원본을 벗어나지 않는 친절함이 돋보인다. 『불설무량수경』을 처음 접하게 되는 불자라 할지라도 쉽게 이해가 가능한 편집으로 역해자의 아미타부처님과 같은 자량을 행간마다에서 확인하게 된다.

특히 이번 『불설무량수경』을 발간한 역해자의 발간 취지는 혼자만이 아닌 일체가 같이 무량수경을 읽고 이해하며 일체중생의 이고득락과 극락왕생을 발원하는 대목은 그야말로 수희공덕을 한 치 오차 없이 확인하게 되는 구절이었기에 발간 취지에 박수를 보낸다.

감히, 추천사를 제안 받은 출판사 대표로서의 소회는 부덕하고 부족한 일면이 확연히 드러나는 시간이 아닌가 싶다. 그저 부끄러울 따름이다.
단, 이극락님의 길고 긴 행보와 부처님을 향한 지고지순한 마음만은 이 책에서 여실히 확인이 가능할 것임을 시사하는 바이다.
자신을 위한 출발이 아니라 일체를 위한 대의의 출발 선상의 바로 다음 열에서 그를 진심으로 응원하고 싶다.

내 극락세계에서 함께 어깨를 마주할 독자, 불자 제헌께 이 불서를 드린다.

불기 2570(2026)년 새해 원단에

맑은소리맑은나라 대표 김윤희

서문

무량수경 번역의 인연

무량수경을 처음 독송한 것은 2017년 4월 이었습니다. 다른 경전들도 모두 좋았지만, 유독 이 무량수경 독송을 시작하면서 알 수 없는 편안함과 행복감을 느끼게 되었습니다. 그래서 다른 무량수경 번역서들도 읽게 되었는데, 첫 번째 번역서와 같이 모두 좋았고, 이렇게 총 7권의 무량수경 번역서들을 읽게 되었습니다.

이때 까지도 번역을 해야겠다는 생각은 없었고, 그저 혼자 읽을 수 있는 나만의 번역본을 만들어 보면 어떨까 하는 정도였습니다. 그래서 번역서들 간의 상이한 내용과 표현을 한자원문과 대조하면서 수정하는 작업을 시작하였습니다. 이 작업을 하면서 말로 표현하기 어려운 보람과 환희심을 매일매일 느끼게 되었습니다.

이때 혼자가 아닌 많은 사람들과 함께 읽을 수 있는 번역서를 만들어 보고 싶다는 생각을 하였습니다.

하지만 번역을 마치기까지는 참으로 오랜 시간이 걸렸습니다.

처음 3년간은 여러 권의 한글번역서만을 읽었고, 그 다음 3년간은 번역서들 간의 상이한 내용과 표현을 한자원문과 대조하면서 수정하였습니다. 그 다음 1년간 번역을 하였고, 그 다음 3개월간은 번역된 원고를 다시 원문과 대조하면서 검토하는 참역參譯을 하였고, 마지막 3개월간은 마지막으로 문장을 다듬는 윤문潤文을 하였습니다. 가히 깨닫기 전의 주리반특가 스님과 같은 우매함이 아니고서는 있을 수 없는 시간이었습니다. 이렇게 긴 시간이었음에도 불고하고 전혀 불편하거나 지루하지 않았던건, 그렇게 좋아하는 무량수경을 매일 읽을 수 있다는 행복감과 번역서가 완성되었을 때 많은 불자님들과 함께 읽게 된다는 기대감이 있었기 때문입니다.

그리고 다행스럽게도 불보살님들의 가피 덕분에 무량수경 독송은 2017년 4월 시작한 이래 하루도 빠짐없이 할 수 있었습니다. 8년간 매일 무량수경을 읽고 있지만, 읽을 때마다 느끼는 묘한 편안함과 행복감을 저의 필력으로는 설명가기가 어렵습니다. 하지만 이제는 저 혼자만이 아닌 우리 불자님들과 함께 무량수경을 읽고 싶습니다.
미래 세상에 모든 경전이 다 사라져도 마지막까지 남아서 우리 중생들을 제도해주게 될 이 무량수경을 우리 불자님들과 함께 읽고 싶습니다.

저의 모든 선행공덕은 오직 우리 일체중생의
이고득락과 극락왕생만을 위해서 모두 회향하나이다.
나무아미타불
나무아미타불
나무아미타불

- 아미타불 염불행자 이극락 -

차례

불설무량수경
佛說無量壽經

1. 서분

이와 같이 나는 들었다. 어느 때 부처님께서는 왕사성 기사굴산에서 큰 비구스님들 1만 2천 명과 함께 머물러 계셨다. 이 큰 비구스님들은 신통을 이미 통달한 대성인들로서, 그 이름은 요본제존자·정원존자·정어존자·대호존자·인현존자·이구존자·명문존자·선실존자·구족존자·우왕존자·우루빈나가섭존자·가야가섭존자·나제가섭존자·마하가섭존자·사리불존자·대목건련존자·겁빈나존자·대주존자·대정지존자·마하주나존자·만원자존자·이장존자·유관존자·견복존자·면왕존자·이승존자·인성존자·가락존자·선래존자·나운존자·아난존자 등이었고, 이들 모두가 상수제자들이었다. 또한 대승의 여러 보살들인 보현보살·묘덕보살·미륵보살 등과 현겁 중의 모든 보살들이 있었고, 또 현호보살을 포함한 16보살인 선사의보살·신혜보살·공무보살·신통화보살·광영보살·혜상보살·지당보살·적근보살·원혜보살·향상보살·보영보살·중주보살·제행보살·해탈보살이 있었다.

이 보살들 모두가 보현보살의 덕을 본받아서 모든 보살들이 지녀야 할 한없는 수행과 서원을 갖추었고, 모든 공덕의 법에 편안히 머물러 있었다. 이 보살들은 시방세계를 다니면서 묘한 방편으로 중생들을 제도하였고, 불법을 깊이 깨달아 있었으며, 무량한 세계에서 등각을 성취하였다. 이 보살들 또한 8상성도의 모습을 나타내면서 중생들을 제도하였는데, 먼저 이 보살들은 도솔천에서 정법을 널리 펼치다가 천상의 궁전을 버리고 내려와서 모태에 강림한다. 그리고 오른쪽 옆구리로 태어나서 일곱 걸음을 걸어가자 찬란한 광명이 시방의 무량한 불국토를 널리 비추고, 세상은 여섯 가지로 진동한다. 그때 스스로 소리를 높여 '나는 반드시 세상에서 위없는 성인이 되리라' 고 외치니 제석천과 범천이 받들어 모시고, 천인들이 우러러 귀의한다. 커가면서 산수·문예·활쏘기·말타기를 배우고, 도술도 널리 배우며, 수많은 서적들도 섭렵한다. 후원에 가서는 무술을 익히고, 궁 안에서는 세속의 생활을 즐기기도 한다. 하지만 어느날 모든 인간은 누구나 늙고, 병들고, 죽어간다는 사실을 알아차리고 비로소 세상의 무상함을 깨닫는다. 그래서 나라와 재물과 왕위를 버리고 산으로 들어가서 도를 배우기로 결심한다. 입고 온 옷·타고 온 백마·보배관·장신구는 왕궁으로 돌려보낸다. 아름답고 화려한 옷을 버리고 법복으로 갈아입은 다음 머리와 수염을 깎는다. 그리고는 나무 밑에 단정히 앉아 6년 동안 고행을 한다.

이 보살들이 오탁세계에 태어나서 중생들의 인연을 따랐기 때문에 그때 쌓였던 먼지와 때를 맑은 물에 씻어내고 천인이 드리운 나뭇가지를 잡고 언덕위로 올라온다. 신비로운 새들이 수행하는 곳까지 날아왔고, 길상동자가 상서로움을 느끼고 길상초를 바치자 그를 가엾이 여겨 보시한 풀을 받아 보리수 아래에 깔고 가부좌를 하고 앉는다. 그리고는 큰 광명을 일으켜서 마왕들이 이를 알도록 한다. 놀란 마왕들이 권속을 거느리고 와서 핍박하고 시험한다. 하지만 지혜의 힘으로 모두를 항복시키고, 미묘한 법을 얻어서 마침내 최고의 깨달음을 성취한다.

그러자 제석천과 범천이 와서 법을 설해줄 것을 청한다. 그래서 많은 곳을 다니면서 사자후로 설법한다.

법의 북을 치고, 법의 소라를 불고, 법의 칼을 움켜쥐고, 법의 깃발을 세우고, 법의 천둥을 치고, 법의 번개를 번쩍이고, 법의 비를 내리고, 법의 가르침을 전해주는 등 항상 법음으로 온 세상을 일깨워준다. 이 보살들의 광명이 무량한 불국토를 널리 비추니, 모든 세계는 여섯 가지로 진동하고 모든 마왕들의 궁전이 흔들려서 온갖 마귀들이 두려워서 귀의하고 항복하지 않을 수 없다. 이 보살들은 삿된 법을 부수어버리고, 삿된 견해를 없애버리며, 번뇌의 먼지를 털어버리고, 탐욕의 구덩이를 허물어버린다. 하지만 정법의 성은 엄하게 지키면서 불법의 문은 활짝 열어준다. 또한 중생들 마음의 때를 씻어서 깨끗이 밝혀주고, 불법의 광명으로 중생들을 바르게 교화해준다. 여러 나라에 들어가서 탁발할 때는 좋은 공양을 받아서 그 중생들이 공덕을 쌓고 복을 지을 수 있도록 해준다. 법을 펼칠 때는 따뜻한 미소를 보이고, 온갖 불법의 약으로 중생들의 괴로움을 치료해준다. 그리고 한없는 공덕의 마음을 내어서 그 중생들이 장차 보살이 된다는 수기를 주고, 등정각을 성취할 수 있게 해준다. 비록 이 보살들이 멸도의 모습을 보이지만 중생 구제에는 다함이 없다. 이렇게 모든 번뇌를 제거해주고, 온갖 선근을 심을 수 있게해준 그 공덕의 거룩함은 결코 헤아릴 수가 없다.

이 보살들이 모든 불국토를 다니면서 가르침을 펼쳐도 그 수행이 청정해서 더러움이 없다. 그것은 마치 마술사가 남자도 되고 여자도 되며 그 어떤 모습으로든 마음 먹은대로 변신이 가능하듯이, 이 모든 보살들 또한 그와 같이 모든 법을 철저히 배우고 통달했기 때문에 진리에 편안히 머무르면서 중생들을 교화한다.

무수한 불국토를 모두 다니면서 가르침을 널리 펼쳐도 결코 교만하거나 방자하지 않고 오직 중생들을 가엾게 생각한다. 이 보살들은 이같은 법을 모두 갖추고 있으며, 경전의 깊고 묘한 뜻도 끝까지 밝혀낸다. 그래서 이들의 이름은 널리 알려지게 되고, 또한 시방 중생들을 제도해주고 있으니 무량한 모든 부처님들께서도 이 보살들을 다 함께 보호해주신다. 이 보살들은 부처님께서 머무시는 경계에 이미 머물러 있고, 대성인들과 같은 깨달음을 모두 성취한다. 또한 부처님의 가르침을 잘 펼쳐나가고, 다른 보살들을 위해 큰 스승이 되어주며, 깊고 깊은 선정과 지혜로 중생들을 교화해준다. 모든 법에 통달해서 중생들의 성품을 잘 알고 있으며, 모든 나라의 상황 또한 잘 알고 있다. 모든 부처님들께 공양 올리려 할때는 번갯불처럼 빠르게 몸을 나투어서 공양을 올린다. 그리고 두려움 없는 지혜를 잘 배워서 세상 모든 것은 환상과 같다는 것을 잘 알고 있다.

마귀의 그물을 찢어버리고, 모든 번뇌의 속박에서 벗어나며, 성문과 연각의 수준을 초월해서 공삼매·무상삼매·무원삼매를 성취한다. 하지만 중생들을 제도하기 위한 방편으로 성문·연각·보살 삼승의 가르침을 보여주고, 이중에 성문과 연각을 위해서는 멸도의 모습을 보이기도 한다. 이 보살들은 본래 만들어진 것도 없고 존재하는 것도 없으며 생겨나지도 않고 멸하지도 않는 평등법을 얻으며, 무량한 다라니와 백천가지 삼매와 모든 근기의 지혜를 성취한다. 넓고 고요한 선정으로 보살의 법에 깊이 들어가 부처님의 화엄삼매를 얻어서 모든 경전을 널리 알리고 연설한다. 그리고 깊은 선정에 들어가서 무량한 모든 부처님들 친견하기를 오직 한 생각 안에 다 해낸다. 극심한 고난 속에 있거나, 수행할 겨를이 있거나 없는 모든 중생들의 상황을 살펴가면서 진리의 가르침을 펼친다. 또한 모든 부처님들의 변재지혜를 갖추고, 세상 모든 언어에 통달한체로 중생들을 제도한다. 세간의 모든 법을 뛰어넘어서 마음은 항상 해탈의 경지에 머물러 있고, 세상 모든 것에 대해서도 자유자재하다. 스스로 찾아가서 중생들의 친절한 벗이 되어주고, 중생들의 무거운 짐을 대신 짊어진다.

이 보살들은 여래의 깊고 깊은 법을 소중히 간직하고 있으며, 중생들이 지닌 부처님의 성품을 보호해서 항상 끊어지지 않도록 한다. 대비심을 일으켜서 중생들을 가엾이 여기고, 자비로운 말씀으로 법의 눈을 뜨게 해주며, 삼악도의 길을 막고 좋은 문을 열어준다. 청하지 않아도 보살들이 스스로 찾아가서 모든 중생들에게 법을 베풀어 주는것이 마치 효자가 부모를 사랑하고 공경하는 것과 같다. 모든 중생들을 내 몸처럼 보살피고, 그들에게 모든 선근을 심게해서 마침내 모두를 피안으로 인도해준다. 이 보살들이 모든 부처님들의 무량한 공덕을 얻어서 그 지혜는 성스럽고, 밝으며, 불가사의 하였다. 이와 같이 셀 수도 없는 수많은 보살들이 일시에 와서 모여 있었다.

그때 부처님께서는 온몸에 기쁨이 넘치시고, 모습은 청정하시며, 빛나는 얼굴은 거룩하셨다. 아난존자는 부처님의 성스러운 뜻을 받들어서 곧바로 자리에서 일어나 오른쪽 어깨를 드러내고 무릎을 꿇어 합장하며 부처님께 여쭈었다.

"오늘 부처님께서는 온몸에 기쁨이 넘치시고, 모습은 청정하시며, 빛나는 얼굴은 거룩하십니다. 마치 밝은 거울에 깨끗한 물체가 환하게 비치는 것과 같이, 부처님의 위엄있는 모습은 찬란히 빛나고 한없이 뛰어나십니다.

저는 일찍이 지금과 같이 뛰어나신 부처님의 모습을 뵈었던 적이 없습니다.

부처님이시여! 저의 생각을 말씀드리면,

오늘 부처님께서는 특별한 법에 머무르시고,

세상의 영웅이신 부처님께서는 부처님이 머물 곳에 머무르시며,

세상의 눈이신 부처님께서는

중생들을 바른길로 인도해주시는 도사의 행에 머무르시고,

세상의 지혜이신 부처님께서는 가장 수승한 도에 머무르시며,

세상에서 가장 존귀하신 부처님께서는 여래의 덕을 행하십니다.

과거·미래·현재의 부처님들께서는 서로를 생각한다고 하시는데, 오늘 부처님께서도 모든 부처님들을 생각하고 계시지는 않으십니까? 왜냐하면 부처님에게서 불가사의한 광명이 빛나고 있기 때문입니다."

그러자 부처님께서 아난에게 말씀하셨다.

"어떻게 된 것이냐, 아난아? 모든 천신들이 너에게 이 질문을 하라고 가르친 것이냐?

아니면 네 스스로의 지혜로 나의 이와 같은 모습을 보고 묻는 것이냐?"

아난이 부처님께 말씀드렸다.

"모든 천신들이 저에게 가르쳐 준 것이 아니라, 제 스스로의 생각으로

여쭈어 본것입니다."

부처님께서 말씀하셨다.

"착하다, 아난아! 참으로 훌륭한 질문이다. 깊은 지혜와 참으로 묘한 말재주로 중생들을 가엾게 여겨서 이렇게 지혜로운 질문을 하는구나. 여래는 다함이 없는 대자비심과 삼계를 가엾이 여기는 마음으로 세상에 나와서 진리의 가르침을 널리 펼치고, 중생들에게 참된 법의 이익을 얻게 한다. 무량억겁의 시간이 지나도 부처님께서 계시는 세상에 태어나기 어렵고, 직접 뵙는 것은 더욱 어려운데, 그것은 마치 3000년 만에 한 번씩 피는 우담바라꽃을 만나는 것과 같이 어렵다. 그대가 지금 한 질문은 많은 이익이 있어서 모든 천인과 사람들을 교화하게 될 것이다. 아난아, 마땅히 알아야 한다. 여래가 깨달아서 얻는 그 지혜는 무한해서 수많은 중생들을 제도하게 된다는 것을. 그리고 그 지혜는 걸림도 없고 끊어짐도 없다는 것을. 여래는 한끼의 밥으로도 충분히 수천억겁의 무한한 수명을 누릴 수가 있다는 것을. 그리고 여래의 기쁨은 결코 훼손되지 않으며, 여래의 모습과 빛나는 얼굴 또한 변하지 않는다는 것을. 왜냐하면 여래의 선정과 지혜는 끝이없고, 모든 법에서 자재를 얻었기 때문이다. 아난아, 명심해서 들어라. 이제 그대를 위해 말하리라."

아난이 말씀드렸다.

"네! 부처님. 즐거운 마음으로 듣기를 원하옵니다."

2. 정종분

부처님께서 아난에게 말씀하셨다.

"헤아릴 수도 없는 아득히 먼 옛날에 정광부처님께서 세상에 나오시어 한없는 중생들을 교화하고 제도하셔서 모두 도를 얻게 하시고 열반에 드셨다. 그리고 그 다음은 광원불 월광불 전단향불 선산왕불 수미천관불 수미등요불 월색불 정념불 이구불 무착불 용천불 야광불 안명정불 부동지불 유리묘화불 유리금색불 금장불 염광불 염근불 지동불 월상불 일음불 해탈화불 장엄광명불 해각신통불 수광불 대향불 이진구불 사염의불 보염불 묘정불 용립불 공덕지혜불 폐일월광불 일월유리광불 무상유리광불 최상수불 보리화불 월명불 일광불 화색왕불 수월광불 제치명불 도개행불 정신불 선숙불 위신불 법혜불 난음불 사자음불 용음불 처세불 과 같은 여러 부처님들께서 모두 차례대로 지나가셨다. 그리고 그 다음에 한 부처님께서 계셨는데, 이름이 세자재왕여래 · 응공 · 등정각 · 명행족 · 선서 · 세간해 · 무상사 · 조어장부 · 천인사 · 불 · 세존 이셨다. 그때 나라의 국왕이 세자재왕부처님의 설법을 듣고는 크게 기뻐하면서 위없이 바르고 참된 도에 마음을 내었다. 그래서 나라와 왕위를 버리고 출가해서 사문이 되었고, 이름을 법장이라고 하

였다. 그의 재주와 용맹과 명석함은 세상에서 유달리 뛰어났다. 법장
비구는 세자재왕부처님의 처소에 가서 부처님의 발에 머리를 조아려
예배드리고, 오른쪽으로 세 번 돌고 나서 무릎을 꿇고 합장하며 게송으
로 부처님을 찬탄하였다.”

빛나는 얼굴 거룩하시고
위엄과 신통 끝이 없으니
이처럼 찬란히 빛나는 광명
견줄 사람 없습니다.

햇빛과 달빛 여의주빛
밝게 빛나지만
부처님의 광명에 비하면
캄캄한 밤과 같을 뿐입니다.

부처님의 얼굴 뛰어나서서
세상에는 짝할 사람 없고,
바르게 깨달으신 부처님의 거룩한 음성은
시방세계에 울려 퍼집니다.

계율 · 다문 · 정진 ·
삼매 · 지혜 · 위덕은
비교할 수도 없이
수승하고 희유합니다.

바다처럼 깊은
모든 부처님들의 법을
깊이 살피고 자세히 생각해
끝까지 꿰뚫어 아셨습니다.

무명·탐욕·성냄을
영원히 끊으신
사자와 같으신 부처님의
신묘한 공덕 헤아릴 수 없습니다.

공덕은 넓고도 크고,
지혜는 깊고 또 묘하며,
광명으로 빛나는 위엄있는 모습은
삼천대천세계를 진동시킵니다.

원컨대 나도 부처가 되면
성스러운 부처님들과 같이
생사에 헤매는 중생들 건져서
모두 해탈을 얻게 해주겠습니다.

보시를 베풀어 마음을 다스리고,
계율을 지키고, 인욕하며, 정진을 해나가는
이러한 삼매와 지혜를
최고로 삼겠습니다.

나도 맹세코 부처가 되어
이러한 원을 모두 행하고,
두려움 많은 중생들을 위해
편안한 의지처가 되고자 합니다.

가령 부처님들께서 계시기를
백천만억이나 되고,
그 수가 끝도 없어서
갠지스강의 모래 보다도 많다해도

이렇게 많은 모든 부처님들께
공양 올리는 것이
깨달음을 향해 굳세게 나아가며
물러나지 않는 것 보다는 못합니다.

갠지스강의 모래와 같이 많은
모든 부처님들 세계,
또 그만큼 많아서 셀 수도 없는
무수한 국토에

부처님의 광명이 널리 비치어
모든 국토에 두루하게 되는
이같은 정진력과 위신력은
감히 헤아릴 수도 없습니다.

만약에 내가 부처가 되면
그 나라는 최고가 되고,
중생들은 모두 훌륭하게 되며,
도량은 가장 수승하게 만들겠습니다.

그 나라는 영원히 행복해서
세상에 둘도 없을 것이며,
내가 중생들 가엾게 여겨서
모두 다 제도하겠습니다.

시방세계의 중생들
내 나라에 오게 되면
마음은 기쁘고 청정해지며,
또한 즐겁고 편안해질 것입니다.

원컨대 부처님 굽어 살피사
저의 이 뜻 증명해 주옵소서.
제가 세운 이 서원
모든 힘을 다해 성취하겠습니다.

시방세계에 계신 부처님들
걸림없으신 그 지혜로
저의 마음과 수행을
항상 살펴 주옵소서.

만일 이 몸이 온갖 고통에 빠진다 해도

제가 행하는 이 정진을

끝까지 참을 것이며,

결코 후회하지 않겠습니다.

부처님께서 아난에게 말씀하셨다.

"법장비구는 이 게송을 설하고 나서 세자재왕부처님께 말씀드렸다."

'세존이시여, 저는 무상정각의 마음을 내었습니다. 원하옵나니 저에게 경법을 자세히 말씀해 주옵소서.

저는 반드시 수행해서 청정하고, 장엄하며, 한없이 뛰어난 불국토를 건설하겠습니다. 그러니 저로 하여금 이 세상에서 빨리 정각을 성취해서 모든 생사고난의 뿌리를 뽑을 수 있게하여 주옵소서.' "

부처님께서 아난에게 말씀하셨다.

"그때 세자재왕부처님께서 법장비구에게 말씀하셨다.

'어떻게 수행해야 하고, 또 어떻게 불국토를 건설해야 하는지에 대해서 그대 스스로가 알아내야 한다.'

법장비구가 세자재왕부처님께 말씀드렸다.

'그와 같은 뜻은 너무도 크고 깊어서 제가 알 수 있는 수준이 아니옵니다. 오직 원하옵나니 세존이시여, 모든 부처님들께서 정토를 건설하신 수행법을 자세히 말씀해 주옵소서. 제가 그것을 들으면 말씀하신 것과 같이 수행해서 서원을 원만히 성취하겠습니다.'

그때 세자재왕부처님께서는 법장비구의 뜻이 고결하고, 원력이 깊고 광대하다는 것을 아시고 곧바로 법장비구를 위해 경전의 말씀을 해주셨다.

'비유하자면, 아무리 넓은 바다라 해도 수없는 세월동안 바닷물 퍼내기를 계속한다면 마침내 바닥이 드러나서 귀한 보배를 얻을 수 있는 것처럼, 사람이 지극한 마음으로 정진하며 도 구하기를 멈추지 않는다면 당연히 최고의 결과를 얻을 수가 있는데, 하물며 어떤 서원인들 성취하지 못하겠는가?' 라고 하셨다. 그리고나서 세자재왕부처님께서는 곧바로 법장비구를 위해 210억 모든 불국토와 그곳 중생들의 선과 악 그리고 각 국토의 장·단점에 대해서 자세히 말씀해주시고, 또 법장비구가 바라는 대로 모두 나타내 보여주셨다.

그때 법장비구는 부처님께서 말씀하신 장엄하고 청정한 국토들에 대해서 모두 다 듣고, 보고 나서 위없이 수승한 서원을 세우게 되었다. 그때 법장비구의 마음은 고요하였고, 뜻은 집착하는 바가 없어서 모든 세간의 어느 누구도 그를 따를 자는 없었다. 법장비구는 이렇게 5겁의 시간 동안 불국토를 건설하기 위한 청정한 수행에 집중하였다."

아난이 부처님께 여쭈었다.

"세자재왕부처님의 수명은 얼마나 됩니까?"

부처님께서 말씀하셨다.

"그 부처님의 수명은 42겁 이시다. 그때 법장비구는 210억 모든 불국토의 청정한 수행법을 받아들여 수행하였다.

법장비구는 이와 같이 수행하고 나서 세자재왕부처님의 처소로 가서 부처님의 발에 머리를 조아려 예배드리고, 부처님을 세 번 돌고 나서 합장하며 말씀드렸다.

'저는 불국토를 건설할 청정한 수행을 이미 성취하였습니다.'

세자재왕부처님께서 법장비구에게 말씀하셨다.

'지금이야말로 정말 좋은 때다. 그대가 성취한 수행의 결과를 모든 대중들에게 알려서 그들을 기쁘게 하라.

보살들이 그 법을 듣고 그와 같이 수행한다면, 무량한 큰 서원을 성취하게 될 것이다.'

법장비구는 세자재왕부처님께 말씀드렸다.

'부디 듣고 살펴 주옵소서. 제가 세운 서원을 말씀드리겠습니다.' "

1. 내 불국토에는 지옥·아귀·축생의 삼악도가 없을 것입니다.

   만약 그렇지 못하다면, 부처가 되지 않겠습니다.

2. 내 불국토에 태어나는 중생들은 목숨이 다한뒤 다시는 삼악도에 떨어지지 않을 것입니다.

   만약 그렇지 못하다면, 부처가 되지 않겠습니다.

3. 내 불국토에 태어나는 중생들은 모두 몸에서 금색광명이 날 것입니다.

   만약 그렇지 못하다면, 부처가 되지 않겠습니다.

4. 내 불국토에 태어나는 중생들은 모두 다 같은 모습을 하고 있어서 아름답고 추한 사람의 구별이 없을 것입니다.

   만약 그렇지 못하다면, 부처가 되지 않겠습니다.

5. 내 불국토에 태어나는 중생들은 숙명통을 얻어서 적어도 백천억나
유타겁 동안의 모든 일들을 알게 될 것입니다.
만약 그렇지 못하다면, 부처가 되지 않겠습니다.

6. 내 불국토에 태어나는 중생들은 천안통을 얻어서 적어도 백천억나
유타 모든 불국토를 볼 수 있을 것입니다.
만약 그렇지 못하다면, 부처가 되지 않겠습니다.

7. 내 불국토에 태어나는 중생들은 천이통을 얻어서 적어도 백천억나
유타 모든 부처님들의 설법을 들을 수 있고, 모두 받아 지닐 수 있을
것입니다.
만약 그렇지 못하다면, 부처가 되지 않겠습니다.

8. 내 불국토에 태어나는 중생들은 타심통을 얻어서 적어도 백천억나
유타 모든 불국토에 있는 중생들의 마음을 알게 될 것입니다.
만약 그렇지 못하다면, 부처가 되지 않겠습니다.

9. 내 불국토에 태어나는 중생들은 신족통을 얻어서 적어도 백천억나
유타 모든 불국토를 순식간에 지나갈 수 있을 것입니다.
만약 그렇지 못하다면, 부처가 되지 않겠습니다.

10. 내 불국토에 태어나는 중생들은 누진통을 얻어서 망상을 일으키거
나 자신에게 집착하지 않게 될 것입니다.

만약 그렇지 못하다면, 부처가 되지 않겠습니다.

11. 내 불국토에 태어나는 중생들은 반드시 성불할 것이 결정된 정정
취에 머물게 될 것입니다.
만약 그렇지 못하다면, 부처가 되지 않겠습니다.

12. 내 광명은 끝이 없어서 적어도 백천억나유타 모든 불국토를 비추
게 될 것입니다.
만약 그렇지 못하다면, 부처가 되지 않겠습니다.

13. 내 수명은 끝이 없어서 백천억나유타 겁으로도 셀 수 없을 것입니
다.
만약 그렇지 못하다면, 부처가 되지 않겠습니다.

14. 내 불국토에는 성문수행자들이 수없이 많아서 삼천대천세계의 중
생과 연각들이 백천겁 동안 다 함께 세어도 다 세지 못할 것입니다.
만약 그렇지 못하다면, 부처가 되지 않겠습니다.

15. 내 불국토에 태어나는 중생들은 수명이 끝이 없을 것입니다. 다만,
중생들을 제도하겠다는 서원을 세운 이들은 자신들 수명의 길고 짧
음을 마음대로 할 수 있을 것입니다.
만약 그렇지 못하다면, 부처가 되지 않겠습니다.

16. 내 불국토에 태어나는 중생들은 나쁜 일을 경험하지 않는 것은 물론이고, 나쁜 단어 조차도 듣지 않게 될 것입니다.

만약 그렇지 못하다면, 부처가 되지 않겠습니다.

17. 시방세계의 무량한 모든 부처님들께서 내 이름을 찬탄하실 것입니다.

만약 그렇지 못하다면, 부처가 되지 않겠습니다.

18. 시방세계 어떤 중생이라도 지극한 마음으로 믿고 좋아하면서 내 불국토에 태어나길 원한하면 '나무아미타불'을 열 번만 불러도 반드시 왕생하게 될 것입니다.

만약 그렇지 못하다면, 부처가 되지 않겠습니다.

다만, 오역죄를 지은 자와 정법을 비방한 자는 제외 될 것입니다.

19. 시방세계 어떤 중생이라도 보리심을 내어 모든 공덕을 닦고 지극한 마음으로 원을 세워서 내 불국토에 태어나길 원한다면 그가 목숨을 마칠 때 내가 대중들과 함께 그 사람 앞에 가서 그를 맞이하게 될 것입니다.

만약 그렇지 못하다면, 부처가 되지 않겠습니다.

20. 시방세계 어떤 중생이라도 내 이름을 듣고 내 불국토를 좋아하면서 모든 공덕을 심고, 지극한 마음으로 그 공덕을 회향해서 내 불국토에 태어나길 원한다면 반드시 왕생하게 될 것입니다.

만약 그렇지 못하다면, 부처가 되지 않겠습니다.

21. 내 불국토에 태어나는 중생들은 모두 32상의 뛰어난 신체적 특징을 갖추게 될 것입니다.
만약 그렇지 못하다면, 부처가 되지 않겠습니다.

22. 다른 불국토의 어떤 보살이라도 내 불국토에 태어나면 다음 생에는 부처가 되는 일생보처에 반드시 이르게 될 것입니다. 다만, 중생들을 위해 큰 서원을 세우고 선근공덕을 쌓아 모든 중생들을 제도하거나, 모든 불국토를 다니면서 보살행을 닦거나, 시방 모든 부처님들께 공양을 올리거나, 또한 한없는 중생들을 제도하기 위해 위없이 바르고 참된 가르침을 세우고 평범한 수행을 초월한 보현보살의 공덕을 닦는 이들은 자신들의 서원에 따라 일생보처에서 제외 될 것입니다.
만약 그렇지 못하다면, 부처가 되지 않겠습니다.

23. 내 불국토에 태어나는 보살들은 부처님의 신통력 덕분에 한끼 식사하는 그 짧은 시간에도 무량무수한 모든 불국토를 다니면서 모든 부처님들께 공양을 올릴 수 있을 것입니다.
만약 그렇지 못하다면, 부처가 되지 않겠습니다.

24. 내 불국토에 태어나는 보살들이 모든 부처님들께 공양 올리려 할 때는 그 어떤 공양거리든지 마음대로 얻게 될 것입니다.

만약 그렇지 못하다면, 부처가 되지 않겠습니다.

25. 내 불국토에 태어나는 보살들은 일체지를 연설할 수 있을 것입니다.

다.

만약 그렇지 못하다면, 부처가 되지 않겠습니다.

26. 내 불국토에 태어나는 보살들은 금강나라연과 같은 튼튼한 몸을 얻게 될 것입니다.

만약 그렇지 못하다면, 부처가 되지 않겠습니다.

27. 내 불국토에 태어나는 중생들과 내 불국토에 있는 모든 것들은 정결하고 찬란히 빛날 것이며, 모습이 뛰어나고 지극히 아름다워서 상상조차 할 수 없을 것입니다.

비록 천안통을 얻은 이라고 해도 그 이름과 수를 다 알아낼 수 없을 것입니다.

만약 그렇지 못하다면, 부처가 되지 않겠습니다.

28. 내 불국토에 태어나는 보살들은 공덕이 아무리 작은 이라도 높이가 4백만리나 되는 극락에 있는 보배나무의 공덕과 장엄을 알아보게 될 것입니다.

만약 그렇지 못하다면, 부처가 되지 않겠습니다.

29. 내 불국토에 태어나는 보살들은 스스로 경을 읽고 외울 수 있게 될

것이며, 남에게도 설법할 수 있는 말솜씨와 지혜를 얻게 될 것입니다.

만약 그렇지 못하다면, 부처가 되지 않겠습니다.

30. 내 불국토에 태어나는 보살들은 걸림없는 지혜와 말솜씨를 얻게 될 것입니다.

만약 그렇지 못하다면, 부처가 되지 않겠습니다.

31. 내 불국토는 맑고 깨끗해서 시방의 무량무수한 모든 불국토를 비춰보는 것이 마치 밝은 거울로 자신의 얼굴을 보는 것과 같이 쉬울 것입니다.

만약 그렇지 못하다면, 부처가 되지 않겠습니다.

32. 내 불국토의 땅에서부터 허공 사이에 있는 궁전·누각·연못·흐르는 물·꽃·나무와 같은 모든 것들은 모두 수없이 많은 보석과 향으로 이루어져서 그 아름다움이 모든 인간계와 천상계를 뛰어넘을 것입니다.

또 거기에서 풍기는 향기는 시방세계에 널리 퍼질 것이고, 보살들이 그 향기를 맡으면 모두 부처님의 행을 닦게 될 것입니다.

만약 그렇지 못하다면, 부처가 되지 않겠습니다.

33. 시방세계의 어떤 중생이라도 내 광명이 그의 몸에 닿으면 몸과 마음이 유연해져서 인간과 천상의 중생들을 뛰어넘을 것입니다.

만약 그렇지 못하다면, 부처가 되지 않겠습니다.

34. 시방세계의 어떤 중생이라도 내 이름을 들으면 보살의 무생법인과
    모든 깊은 다라니를 얻게 될 것입니다.
    만약 그렇지 못하다면, 부처가 되지 않겠습니다.

35. 시방세계의 어떤 여인이라도 내 이름을 듣고 기쁜 마음으로 즐겁
    게 믿으면서 보리심을 내는 이가 만약 여인의 몸을 싫어하면 목숨
    이 다한 뒤에는 다시 여인의 몸을 받지 않게 될 것입니다.
    만약 그렇지 못하다면, 부처가 되지 않겠습니다.

36. 시방세계의 어떤 보살이라도 내 이름을 들으면 목숨이 다한 뒤에
    도 항상 청정한 수행을 하게 되고, 마침내 성불하게 될 것입니다.
    만약 그렇지 못하다면, 부처가 되지 않겠습니다.

37. 시방세계의 어떤 중생이라도 내 이름을 듣고 오체투지하며 예배하
    고 기쁜 마음으로 즐겁게 믿으면서 보살행을 닦으면 모든 천인과
    인간들의 공경을 받게 될 것입니다.
    만약 그렇지 못하다면, 부처가 되지 않겠습니다.

38. 내 불국토에 태어나는 중생들은 옷 입을 생각만 해도 곧바로 아름
    다운 옷이 저절로 입혀지는 것이 마치 부처님께서 찬탄하신 바와
    같이 '아름다운 가사가 저절로 몸에 입혀지게 된다' 와 같을 것이

고, 바느질과 다듬이질 그리고 염색과 세탁할 필요가 없을 것입니
다.

만약 그렇지 못하다면, 부처가 되지 않겠습니다.

39. 내 불국토에 태어나는 중생들이 누리는 즐거움은 번뇌가 모두 없
어진 스님과 같을 것입니다.

만약 그렇지 못하다면, 부처가 되지 않겠습니다.

40. 내 불국토에 태어나는 보살들이 시방세계의 모든 청정한 불국토를
보길 원하면 마치 밝은 거울로 자신의 얼굴을 보는 것과 같이 보배
나무에 모두 나타나서 볼 수 있을 것입니다.

만약 그렇지 못하다면, 부처가 되지 않겠습니다.

41. 다른 세계의 어떤 보살이라도 내 이름을 들으면 성불할 때까지 육
근이 원만해서 불구자가 되지 않을 것입니다.

만약 그렇지 못하다면, 부처가 되지 않겠습니다.

42. 다른 세계의 어떤 보살이라도 내 이름을 들으면 모두 다 청정삼
매·해탈삼매를 얻게 되고, 이 삼매를 얻은 잠깐 사이에 무량하고
불가사의한 모든 부처님들께 공양을 올리면서도 삼매를 잃지 않게
될 것입니다.

만약 그렇지 못하다면, 부처가 되지 않겠습니다.

43. 다른 세계의 어떤 보살이라도 내 이름을 들으면 목숨이 다한 뒤에
는 존귀한 집에 태어날 것입니다.
만약 그렇지 못하다면, 부처가 되지 않겠습니다.

44. 다른 세계의 어떤 보살이라도 내 이름을 들으면 뛸뜻이 기뻐하면
서 보살행을 닦고, 공덕을 갖추게 될 것입니다.
만약 그렇지 못하다면, 부처가 되지 않겠습니다.

45. 다른 세계의 어떤 보살이라도 내 이름을 들으면 모든 부처님들을
뵐 수 있는 보등삼매를 얻어서 성불할 때까지 항상 무량하고 불가
사의한 모든 부처님들을 친견하게 될 것입니다.
만약 그렇지 못하다면, 부처가 되지 않겠습니다.

46. 내 불국토에 태어나는 보살들이 듣고 싶어하는 법문이 있다면 그
어떤 법문이라도 다 듣게 될 것입니다.
만약 그렇지 못하다면, 부처가 되지 않겠습니다.

47. 다른 세계의 어떤 보살이라도 내 이름을 들으면 불퇴전, 즉 더 이상
뒤로 물러나지 않는 단계에 바로 들어가게 될 것입니다.
만약 그렇지 못하다면, 부처가 되지 않겠습니다.

48. 다른 세계의 어떤 보살이라도 내 이름을 들으면 첫째로 설법을 듣
고 깨닫는 음향인, 둘째로 진리를 스스로 체득하여 깨닫는 유순인,

셋째로 나지도 않고 죽지도 않는 도리를 깨닫는 무생법인을 얻어
서 모든 불법에서 불퇴전의 단계에 곧바로 들어가게 될 것입니다.
만약 그렇지 못하다면, 부처가 되지 않겠습니다.

부처님께서 아난에게 말씀하셨다.
"그 때 법장비구는 이 서원을 말하고 나서 게송으로 한 번더 서원을 밝
혔다"

나는 세상을 뛰어넘는 서원을 세워
반드시 위없는 도에 이르겠습니다.
이 서원 성취하지 못하면
결코 부처가 되지 않겠습니다.

무량겁의 시간 동안
큰 시주 되어서
가난하고 고통받는 중생들 구제하지 못하면
결코 부처가 되지 않겠습니다.

내가 불도를 이루어
내 이름이 온 세상에 퍼질 때
단 한 사람이라도 나의 이름 듣지 못한 이가 있다면
결코 부처가 되지 않겠습니다.

욕심 떠난 깊고 바른 생각을 지니고,
청정한 지혜로 보살행을 닦으며,
위없는 도를 구하려는 뜻을 세워서
천상과 인간의 스승이 되겠습니다.

신통력으로 큰 광명 일으켜
끝없는 세계 두루 비춰서
탐진치의 어둠을 없애고,
중생들의 온갖 괴로움 말끔히 건지겠습니다.

중생들이 본래 지닌 지혜의 눈 열어서
어두운 눈 뜨게 하며,
모든 나쁜 길은 막고
좋은 문은 활짝 열겠습니다.

공덕과 복을 두루 갖춘 거룩한 광명이
시방을 밝게 비추면
해와 달은 그 빛을 잃고
천상의 광명도 희미해질 것입니다.

중생들을 위해 법의 창고 열어서
공덕의 보배를 널리 베풀고,
언제나 많은 대중들 앞에서
사자후로 설법하겠습니다.

세상 모든 부처님들께 공양을 올려서
온갖 공덕 갖추고,
서원과 지혜를 성취해서
삼계의 영웅이 되겠습니다.

그 무엇에도 걸림없는
부처님의 무한한 지혜처럼,
내 공덕의 힘 또한
가장 수승하신 부처님과 같아지게 될 것입니다.

만약 이 서원 이루어지면
대천세계가 감동할 것이고,
하늘의 모든 천상사람들도
진귀하고 아름다운 꽃비를 뿌려줄 것입니다.

부처님께서 아난에게 말씀하셨다.
"법장비구가 이 게송을 밝히고 나자 대천세계는 여섯 가지로 진동하였고, 하늘에서는 아름다운 꽃비가 내려왔다. 그리고 저절로 음악이 울러퍼지면서 하늘에서 말하였다. '그대는 반드시 부처가 될 것이다'
그때 법장비구는 이와 같은 큰 서원을 원만히 성취하려는 진실한 마음에서 조금도 흐트러지지 않았고, 세간을 뛰어넘는 열반의 경계를 간절히 원하였다. 아난아, 법장비구는 세자재왕부처님 앞에서 그리고 모든 천인·마왕·범천·용신·팔부대중 들이 지켜보는 가운데서 이렇게 큰 서원을 세웠다. 그리고 나서 오로지 뛰어난 불국토를 건설하는데 전념하였다. 그가 세우려는 불국토는 한없이 넓고 크며, 어떤 곳 보다도 뛰어나고, 영원히 쇠퇴하거나 변하지도 않는 세계였다. 법장비구는 헤아릴 수도 없는 오랜 세월 동안 무량한 공덕을 쌓으면서 탐욕과 성냄과 남을 해치는 생각을 하지 않았고, 그런 마음을 일으키지도 않았다. 또한 색·성·향·미·촉·법에도 집착하지 않았고, 인욕의 힘을 성취해서 어떤 괴로움도 견뎌 내었다. 욕심이 적고 만족할 줄 알았으며, 탐욕과 성냄과 어리석음도 없었다. 삼매에 잠겨서 마음은 항상 고요하였고, 지혜는 그 무엇에도 걸림이 없었다.

남을 속이거나 아첨하는 마음이 없었고, 따뜻한 얼굴로 부드럽게 말하면서 중생들의 뜻을 존중해서 먼저 물어보았다. 그리고 용맹정진하면서 자신의 서원을 이루는데 게으르지 않았고, 오로지 청정한 법만을 구했으며, 얻은 그 지혜로 중생들을 이롭게 하였다. 법장비구는 불법승 삼보를 공경하였고, 스승과 어른을 받들어 모셨으며, 온갖 수행을 통해서 얻은 수행의 힘으로 모든 중생들이 공덕을 성취할 수 있게 해주었다. 또한 공·무상·무원의 법에 머물러서 세상 모든 것은 본래 만들어진 것도 아니고 생겨난 것도 아닌 그저 거짓된 모습으로 나타나 있다는것을 알고 있었다. 법장비구는 자신과 남에게 해가 되는 나쁜 말을 멀리하고 자신과 남 모두에게 이로운 말을 하였다. 그는 나라와 왕위를 버렸고, 재물과 애욕도 끊어 버렸으며, 스스로 육바라밀을 닦으면서 남에게도 그것을 가르쳐서 실천하도록 하였다. 이렇게 헤아릴 수도 없는 오랜 세월 동안 공덕을 쌓았기 때문에 그가 태어나는 곳 어디서나 원하는 만큼의 무량한 보배법문이 저절로 우러나왔다. 그 법문으로 수

많은 중생들을 교화해서 편안하게 해주었고, 위없이 바르고 참된 도에 머무르게 해주었다. 법장비구는 장자·거사·바라문·귀족이 되기도 했고, 국왕·전륜성왕·육욕천왕·범천왕이 되기도 했다. 항상 의복·음식·침구·약으로 모든 부처님들께 공양 올리고 공경한 이 같은 공덕을 말로는 다할 수 없다. 그래서 그의 입에서는 향기롭고 깨끗한 우담바라꽃 향기가 나왔고, 몸의 모든 털구멍에서는 전단향이 나왔으며, 그 향기는 무량한 세계에 널리 퍼졌다. 그의 얼굴은 단정하였고, 상호는 대단히 뛰어났다. 그리고 그의 손에서는 항상 무량한 보배·의복·음식·진귀하고 아름다운 꽃과 향·일산·당번과 같은 장식물들이 나왔다. 이것들은 모든 천인들의 것 보다도 훌륭했고, 그는 모든 법에서도 자유자재함을 얻을 수 있었다.”

아난이 부처님께 여쭈었다.

“법장보살은 이미 성불하시어 열반에 드셨습니까? 아직 성불하지 못하셨습니까? 아니면 지금 현재에도 계십니까?”

부처님께서 아난에게 말씀하셨다.

“법장보살은 이미 성불하시어 지금은 서방에 머물러 계신다. 그곳은 여기서 십만억 불국토를 지나면 있고, 그 불국토의 이름은 극락이라고 한다.”

아난이 또 여쭈었다.

“그 부처님께서 성불하신 지는 얼마나 되었습니까?”

부처님께서 말씀하셨다.

“그 부처님, 즉 아미타불께서 성불하신 지는 이미 10겁이 지났다.

극락세계는 금·은·유리·산호·호박·자거·마노 등의 칠보로 땅이 이루어져 있고, 너무 광대해서 끝이 없다.

그 보배들은 서로 잘 어울려서 찬란히 빛나고, 너무나 아름답다. 또한 청정하게 장식되어 있어서 시방 그 어떤 세계의 보배 보다도 뛰어나다. 그 보배들은 보배중의 보배라서 마치 타화자재천의 보배와도 같다.

그리고 극락에는 수미산이나 금강철위산과 같은 모든 산이 없고, 크고 작은 바다·개울·도랑·우물·골짜기 등도 없다. 하지만 보기를 원하면 부처님의 신통력 덕분에 바로 볼 수 있다. 또한 지옥·아귀·축생과 같은 악도가 없고, 봄·여름·가을·겨울과 같은 사계절이 없어서 춥거나 덥지도 않고 항상 온화하고 상쾌하다."

그때 아난이 부처님께 여쭈었다.

"세존이시여, 극락세계에 수미산이 없다면 사천왕천과 도리천은 어느 곳에 의지해서 살고 있습니까?"

부처님께서 아난에게 말씀하셨다.

"야마천에서부터 색구경천까지의 천상은 모두 어느 곳에 의지해서 살고 있느냐?"

아난이 말씀드렸다.

"그들이 지은 불가사의한 업력에 의지해서 살고 있습니다."

부처님께서 아난에게 말씀하셨다.

"업력은 불가사의하고, 모든 부처님들의 세계 또한 불가사의하다. 극락의 모든 중생들 또한 자신들이 지은 공덕과 선근의 힘 덕분에 극락에서 살 수 있는 것이다. 그래서 수미산이 없어도 아무 문제가 없다."

아난이 부처님께 말씀드렸다.

"저는 이 법을 의심하지 않습니다. 다만 미래 중생들의 의심을 풀어주기 위해서 여쭈어 보았습니다.”

부처님께서 아난에게 말씀하셨다.

“아미타불의 불가사의한 광명은 가장 존귀하고 뛰어나서 그 어떤 부처님들의 광명도 아미타불의 광명에는 미치지 못한다. 다른 부처님들의 광명은 백곳의 불국토나 천곳의 불국토를 비춘다. 하지만 아미타불의 광명은 갠지스강의 모래와 같이 많은 동방의 불국토 전체를 비추고, 남방·서방·북방·사유·상방·하방 역시도 이와 같이 비춘다.

다른 부처님들의 광명은 일곱자를 비추기도 하고, 1유순에서 2·3·4·5유순을 비추기도 하며, 이런식으로 배가 되기도 하고, 한 불국토만을 비추기도 한다. 이런 까닭으로 아미타불을 무량광불·무변광불·무애광불·무대광불·염왕광불·청정광불·환희광불·지혜광불·부단광불·난사광불·무칭광불·초일월광불 이라고도 부르는 것이다.

이 광명을 만나는 중생들은 탐욕과 성냄과 어리석음이 사라진다. 또한 몸과 마음이 유연해지고, 기쁨이 넘치며, 착한 마음이 저절로 생겨난다. 만약 삼악도의 괴로운 곳에서도 이 광명을 보면 모두 휴식을 얻고, 다시 괴로워 하지 않으며, 목숨이 다한 뒤에는 모두 해탈하게 된다. 아미타불의 광명은 찬란히 빛나서 시방 모든 불국토를 비추고, 그 명성 또한 들리지 않는 곳이 없다. 나 혼자만 이미타불의 광명을 찬탄하는 것이 아니라 모든 부처님들과 성문·연각·보살들도 다 함께 찬탄한다. 만약 어떤 중생이라도 아미타불께서 지니신 광명의 불가사의한 공덕에 대해서 듣고 밤낮으로 찬탄하면서 지극한 마음이 끊어지지 않는다면 소원대로 극락에 태어나게 되고, 모든 보살들과 성문대중들이 그의 공덕을 찬탄할 것이다. 그런 뒤에 그가 불도를 이루었을 때도 시방세계의 모든 부처님들과 보살들이 지금과 같이 그의 광명을 찬탄할 것이다.”

부처님께서 말씀하셨다.

“아미타불께서 지니신 광명의 불가사의함과 거룩함과 수승함에 대해서 내가 1겁 동안 밤낮으로 말한다고 해도 다할 수가 없다.”

부처님께서 아난에게 말씀하셨다.

“아미타불의 수명은 한없이 길어서 말로 표현할 수 없고, 셀 수도 없는데 그대가 어찌 알 수 있겠는가?

가령 시방세계의 모든 중생들이 다 사람의 몸을 받아서 성문이나 연각이 된 뒤에 함께 모여서 고요히 생각하고 한마음으로 그들의 지혜를 다해서 백천만겁 동안 다 함께 아미타불의 수명을 세어본다 해도 결코 그 끝을 알 수가 없다. 극락세계의 성문·보살·천인들의 수명 또한 이와 같아서 숫자나 비유로도 알아낼 수가 없다. 그리고 성문과 보살들의 수 또한 한없이 많아서 셀 수가 없다. 그들은 신통력과 지혜가 뛰어나고, 위신력이 자재로와서 손바닥위에 온 세상을 올려놓을 수도 있다.”

부처님께서 아난에게 말씀하셨다.

“아미타불께서 성불하시고 처음 설법하시는 자리에 모인 성문대중들의 수는 셀수 없을 만큼 많았고, 보살들의 수 또한 그러했다. 대목건련과 같은 이들이 백천만억 명이 모여서 아승지나유타겁 동안 그들의 수명이 다할 때까지 함께 세어본다 해도 극락에 있는 성문과 보살들의 수를 다 알 수 없다. 만약 어떤 사람이 가는 털하나를 백개로 쪼개서 그 쪼개진 털하나를 끝없이 깊고 넓은 바닷물에 한번 적신다면, 어떻게 생각하느냐?

그 털 끝에 묻은 물과 큰 바닷물 중에서 어느 것이 더 많겠느냐?"

아난이 부처님께 말씀드렸다.

"털 끝에 묻은 물과 큰 바닷물의 많고 적음의 차이를 어찌 계산이나 말이나 비유로 알아낼 수가 있겠습니까?"

부처님께서 말씀하셨다.

"아미타불의 처음 법회에 모인 성문이나 보살들의 수를 목건련과 같은 이들이 백천만억나유타겁 동안 세어본다 해도 알아낼 수 있는 수는 마치 털 끝에 묻은 물 한방울 정도이고, 알아내지 못하는 수는 큰 바닷물과 같이 많다.

또한 극락에는 칠보로 된 보배나무가 온 불국토에 가득하다. 금나무·은나무·유리나무·파려나무·산호나무·마노나무·자거나무가 있고, 혹은 두 가지나 세 가지 보배에서 일곱 가지의 보배가 합해져서 이루어진 보배나무도 있다.

금나무에는 은으로 된 잎과 꽃과 열매가 달리기도 하고,

은나무에는 금으로 된 잎과 꽃과 열매가 달리기도 하며,

유리나무에는 파려로 된 잎과 꽃과 열매가 달리기도 한다.

수정나무에는 유리로 된 잎·꽃·열매가 달리기도 하고,

산호나무에는 마노로 된 잎·꽃·열매가 달리기도 하며,

마노나무에는 유리로 된 잎·꽃·열매가 달리기도 한다.

그리고 자거나무에는 여러 가지 보배로 된 잎·꽃·열매가 달리기도

한다.

어떤 보배나무는 뿌리는 자금, 줄기는 백은, 큰가지는 유리,
잔가지는 수정, 잎은 산호, 꽃은 마노, 열매는 자거로 되어 있다.
어떤 보배나무는 뿌리는 백은, 줄기는 유리, 큰가지는 수정,
잔가지는 산호, 잎은 마노, 꽃은 자거, 열매는 자금으로 되어 있고,
어떤 보배나무는 뿌리는 유리, 줄기는 수정, 큰가지는 산호,
잔가지는 마노, 잎은 자거, 꽃은 자금, 열매는 백은으로 되어 있다.

어떤 보배나무는 뿌리는 수정, 줄기는 산호, 큰가지는 마노,
잔가지는 자거, 잎은 자금, 꽃은 백은, 열매는 유리로 되어 있고,
어떤 보배나무는 뿌리는 산호, 줄기는 마노, 큰가지는 자거,
잔가지는 자금, 잎은 백은, 꽃은 유리, 열매는 수정으로 되어 있다.
어떤 보배나무는 뿌리는 마노, 줄기는 자거, 큰가지는 자금,
잔가지는 백은, 잎은 유리, 꽃은 수정, 열매는 산호로 되어 있고,
어떤 보배나무는 뿌리는 자거, 줄기는 자금, 큰가지는 백은,
잔가지는 유리, 잎은 수정, 꽃은 산호, 열매는 마노로 되어 있다.

이 보배나무들은 서로 줄을 지어서 마주 보고 있다. 줄기는 줄기끼리
마주 보고, 가지는 가지끼리 마주 보며, 잎은 잎끼리, 꽃은 꽃끼리, 열
매는 열매끼리 마주 보고 있다. 그 아름다운 모습과 찬란한 빛은 바라
볼 수 없을 정도로 뛰어나다. 맑은 바람이 불어오면 이 보배나무에서
다섯 가지 소리가 나와서 아름다운 음악이 저절로 울려퍼진다. 또한 극

락에 있는 보배나무는 높이가 400만 리이고, 뿌리의 둘레는 50유순 이며, 가지와 잎은 사방으로 20만 리나 펼쳐져 있다. 이 보배나무들는 온갖 보배로 저절로 이루어져 있고, 월광마니와 지해륜보 같은 보배 중의 보배로 장식되어 있으며, 가지 주변에는 영락보배가 매달려 있다. 나무에 있는 보배들은 백천만 가지 색으로 변하면서 무량한 광명을 끝없이 발산하고 있다. 그 위에는 진귀하고 아름다운 보배 그물이 덮여 있는데, 그 모든 것들이 극락의 중생들이 바라는 대로 나타난다. 부드러운 바람이 천천히 불어오면 보배나무에서 아름다운 법의 소리가 흘러나오고, 그 소리는 시방 모든 불국토에 울려퍼진다. 그 소리를 들으면 깊은 법인을 얻고, 불퇴전에 머물게 되며, 성불할 때까지 귀가 청정해져서 괴로움을 만나지 않게 된다. 눈으로 그 모습을 보고, 귀로 그 소리를 듣고, 코로 그 향기를 맡고, 혀로 그 맛을 보고, 몸으로 그 광명을 느끼고, 마음으로 그 인연을 생각하는 중생들은 모두 다 매우 깊은 법인을 얻고, 불퇴전에 머물게 되며, 성불할 때까지 육근이 청정해져서 모든 괴로움이 없어진다.

아난아, 극락의 중생들이 이 보배나무를 보면 세 가지 법인을 얻는데 첫째는 음향인, 둘째는 유순인, 셋째는 무생법인이다. 이것은 모두 아미타불의 위신력 때문이고, 본원력 때문이며, 만족원 때문이다.

또한 아미타불의 명료원 때문이고, 견고원 때문이며, 구경원 때문이다.”

부처님께서 아난에게 말씀하셨다.

“세상의 왕들은 수백에서 수천 가지의 음악을 들을 수 있고, 전륜성왕

에서부터 제6천까지는 음악이 천억만 배 더 수승해진다. 그러나 제6천
에 있는 만 가지 음악도 극락의 보배나무에서 나오는 하나의 소리 보다
도 못하고, 그 차이는 천억 배나 된다. 또한 극락에는 저절로 울려퍼지
는 수만 가지 음악이 있는데, 그 음악 소리는 법의 소리가 아닌 것이 없
다. 맑고, 간절하며, 미묘하고, 우아해서 시방세계 소리 가운데 가장 뛰
어나다.

또 강당·정사·궁전·누각은 모두 칠보로 장식되어 있고, 저절로 이
루어진 것들이며, 진주와 명월마니 같은 여러 가지 보배가 그물처럼 서
로 엮여져서 그 위를 덮고 있다. 그 안팎과 좌우에는 목욕할 수 있는 연
못들이 수없이 많은데, 크기는 10·20·30유순에서부터 백천유순이나
되는 것도 있다. 연못의 길이·넓이·깊이는 모두 똑같다. 연못 안에
는 팔공덕수가 가득차 있는데 마치 감로수와 같이 청정하고, 향기로우
며, 깨끗하다.

황금연못 바닥에는 백은모래가 깔려 있고,
백은연못 바닥에는 황금모래가 깔려 있다.
수정연못 바닥에는 유리모래가 깔려 있고,
유리연못 바닥에는 수정모래가 깔려 있다.
산호연못 바닥에는 호박모래가 깔려 있고,
호박연못 바닥에는 산호모래가 깔려 있다.
자거연못 바닥에는 마노모래가 깔려 있고,
마노연못 바닥에는 자거모래가 깔려 있다.
백옥연못 바닥에는 자금모래가 깔려 있고,

자금연못 바닥에는 백옥모래가 깔려 있다.

이처럼 연못 바닥은 한 가지 보배가 깔려져 있기도 하고, 두·세 가지에서부터 일곱 가지의 보배가 깔려져 있기도 하다. 연못가 언덕 위에는 전단나무가 있는데 꽃과 잎이 드리워져 있고, 그 향기는 널리 퍼진다.

연못 안에는 아름다운 우발라화·발담마화·구물두화·분타리화에서 나오는 갖가지 색과 빛이 물위를 가득 덮고 있다. 극락의 모든 보살과 성문들이 이 보배연못에 들어가서 물이 발까지 잠기기를 원하면 발까지 잠기고, 무릎까지 잠기길 원하면 무릎까지 잠긴다. 또 허리까지 잠기를 원하면 허리까지, 목까지 잠기길 원하면 목까지 잠긴다. 그리고 몸을 씻고 싶어하면 몸이 저절로 씻겨지고, 다시 그 전으로 돌아가길 원하면 순식간에 되돌아간다. 물의 온도 또한 원하는 대로 저절로 조절된다. 이 연못에서 목욕을 하면 정신이 맑아지고, 몸이 상쾌해지며, 마음의 때가 말끔히 씻겨진다. 연못의 물은 너무 맑고 깨끗해서 마치 물이 없는 것처럼 보인다. 연못 바닥의 보배모래는 환하게 빛나서 아무리 깊은 곳이라도 비추지 못하는 곳이 없다. 연못속의 작은 물결들은 빙빙 돌다가 다시 서로 만나서 빠르지도 느리지도 않게 천천히 흘러간다.

그 물결들에서는 한없이 아름다운 소리가 저절로 흘러나오고, 듣고 싶어하는 그 어떤 소리도 다 들을 수 있다.

부처님의 음성을 들을 수 있고, 법의 소리를 들을 수 있으며, 스님의 소리를 들을 수 있다. 또한 고요한 소리, 공과 무아의 소리, 대자비의 소리, 바라밀의 소리, 십력과 무외와 불공법의 소리, 모든 신통력과 지혜의 소리, 본래 만들어진것 없는 소리, 생겨나지도 않고 멸하지도 않는 소리, 무생법인의 소리, 감로로 관정을 받는 소리 등 여러 가지 묘한 법의 소리를 다 들을 수 있다. 이와 같은 소리를 들으면 한없는 기쁨을 느끼게 된다.

또한 마음이 청정해지고, 욕심이 없어지며, 마음이 고요해져서 진리의 뜻을 따르게 된다.

그리고 삼보의 힘과 무소외와 십팔불공법을 따르게 되고, 지혜를 통달한 보살과 성문들이 행하는 도를 따르게 된다. 삼악도나 괴로움이란 단어조차 없이 오직 저절로 흘러나오는 즐거운 소리만 있기 때문에 그 나라의 이름을 극락이라고 하는 것이다. 아난아, 극락에 왕생하는 모든 중생들은 이와 같은 청정한 몸과 온갖 아름다운 음성과 신통력과 공덕을 갖추게 된다. 또한 그들이 사는 궁전·옷·음식·여러가지 아름다운 꽃과 향 등의 장식물들은 마치 타화자재천에 저절로 갖추어져 있는 것들과 같다. 만약 음식을 먹고 싶어하면 금·은·유리·자거·마노·산호·호박·명월·진주로 만들어진 여러 가지 보배그릇이 생각만 해도 나타나서 온갖 맛있는 음식이 저절로 가득 담기게 된다. 비록 이런 음식이 있지만 실제로 먹는 것은 아니다. 다만 음식의 겉모습을 보고 향기를 맡아서 마음으로 식사를 하면 저절로 배가 부르게 되고, 몸과 마음이 유연해져서 맛에 대한 집착이 없어진다.

식사가 끝나면 그릇과 음식은 사라지고, 식사 때가 되면 다시 나타난다. 극락세계는 청정하고 평온하며, 미묘하고 상쾌해서 무위열반의 세계와 같다. 극락에 있는 모든 성문·보살·천인·사람들은 지혜가 뛰어나고, 신통에 통달해 있다. 그들은 모두 다 같은 모습을 하고 있지, 다르게 생긴 사람이 없다. 다만 다른 세상의 풍습을 따르기 위해 사람이나 천인이란 이름이 있을 뿐이다. 그리고 그들의 얼굴은 단정해서 세상을 뛰어넘을 정도로 희유하고, 그들의 겉모습은 미묘해서 천인도 아니고 사람도 아니다.

그들은 모두 저절로 텅 빈 몸과 다함이 없는 몸을 받게 된다.”

부처님께서 말씀하셨다.

“만약 세상의 가난한 거지가 임금 옆에 있다면, 그 모습과 얼굴이 비교가 되겠느냐?”

아난이 부처님께 말씀드렸다.

“만약 거지가 임금 옆에 있다면 야위고 추하며 더러워서 비교할 수 없고, 백천만억 배 이상의 차이가 나서 계산해볼 수 조차 없을 것입니다. 그 이유는 가난한 거지는 지극히 천해서 옷은 몸을 가리지 못하고, 음식은 겨우 목숨을 부지할 정도로만 먹어서 배고픔과 추위의 괴로움으로 인간 이하의 생활을 하고 있기 때문입니다.

그것은 모두 전생에 선근을 심지는 않고 재물을 모으기만 할뿐 베풀지 않았기 때문이며, 부유하면서도 인색했기 때문입니다. 또한 만족할줄 모르고 더 가질려고 탐욕을 부렸기 때문이며, 착한일을 하지는 않고 악한 일들만 산처럼 쌓았기 때문입니다. 그렇게 애를쓰며 모았어도 목숨이 다하면 재물은 모두 다 사라지고, 몸에는 고통만 남으며, 모아 놓은 재물은 근심걱정거리만 됩니다. 자신에겐 아무 이익이 없고, 오히려 다른 사람의 이익이 될뿐입니다. 믿고 의지할만한 선이나 덕도 쌓지 않았기 때문에 죽으면 악도에 떨어져서 오랫동안 고통을 받아야 합니다.

죄값을 다 치르고 난 뒤에도 비천하게 태어나서 어리석고 천박한 인간으로 살아가게 됩니다.

세상의 임금이 유독 존귀한 까닭은 모두 전생에 많은 선근을 쌓았기 때문입니다. 자비와 은혜를 널리 베풀고, 남을 사랑하는 마음으로 사람들을 구제하며, 또한 믿음을 지키고 선을 닦으면서 남들과 싸우지 않았기 때문입니다. 그러다 목숨이 다하면 자신이 지은 복에 따라 천상에 태어나서 많은 복과 즐거움을 누리게 됩니다. 아직 남은 복이 있어서 다시 사람의 몸을 받으면 왕족으로 태어나서 저절로 존귀한 사람이 되고, 겉모습과 얼굴이 단정해서 많은 사람들의 공경을 받게 됩니다. 좋은 옷을 입고, 좋은 음식을 마음대로 먹을 수 있는 것 또한 자신이 전생에 지어놓은 복덕 때문입니다."

부처님께서 아난에게 말씀하셨다.

"그대의 말이 옳다. 비록 임금이 인간 중에서는 존귀하고 모습이 단정하지만, 전륜성왕에 비하면 지극히 천해서 마치 거지가 임금 옆에 있는 것과 같다. 전륜성왕의 위엄있는 모습은 대단히 뛰어나서 천하에 제일이다. 하지만 도리천왕에 비하면 또한 추하고 더러워서 비교할 수 없고, 그 차이는 만억 배나 된다. 그런 도리천왕도 타화자재천왕에 비하면 백천억 배의 차이가 나서 비교할 수 없다. 하지만 이런 타화자재천왕 또한 극락에 있는 보살이나 성문들과 비교하면, 얼굴의 광채나 겉모습이 백천만억 배 이상의 차이가 나서 계산해볼 수 조차 없다."

부처님께서 아난에게 말씀하셨다.

“극락에 있는 모든 천인과 사람들의 옷 · 음식 · 꽃 · 향 · 영락 · 일산 · 당번 · 미묘한 음성 · 거주하는 집 · 궁전 · 누각 등은 각각의 처지에 알맞게 높고 낮으며, 크고 작다. 그것들은 한 · 두 가지의 보배에서 수없이 많은 보배로 이루어져 있고, 생각만 해도 바로 나타난다. 또한 극락에는 여러 가지 보배로 장식된 아름다운 비단이 땅에 깔려 있어서 모든 천인과 사람들은 그것을 밟고 다닌다. 끝도 없는 보배그물이 온 불국토를 가득 덮고 있는데, 그 그물은 모두 금실과 진주와 백천 가지의 진귀한 보배로 장엄하게 꾸며져 있다. 또 사방에 달려있는 보배방울은 찬란히 빛나고 지극히 아름답다. 저절로 일어나서 천천히 불어오는 복덕의 바람은 너무나 알맞게도 차거나 덥지도 않고, 따뜻하고 시원하고 부드러우며, 빠르지도 느리지도 않다. 이 복덕의 바람이 모든 그물과 보배나무 쪽으로 불어오면 그 보배그물과 보배나무는 한없이 미묘한 법의 소리를 내고, 수만 가지의 온화하고 우아한 덕의 향기를 퍼트린다. 그 소리를 듣고 그 향기를 맡으면 번뇌와 때 묻은 습관들이 저절로 사라진다. 그리고 그 바람이 몸에 닿으면 모두 즐거움을 얻게 되는데, 그것은 마치 비구가 멸진삼매를 얻었을 때의 즐거움과 같다.

또 바람이 불면 꽃잎이 온 불국토에 가득 차는데 같은 색깔의 꽃잎끼리 흩날려서 어지럽지 않고, 부드럽게 빛나며, 그윽한 향기가 퍼진다. 발로 떨어진 꽃잎을 밟으면 아래로 네 마디 정도 들어갔다가, 발을 들면 다시 처음과 같이 올라온다. 꽃잎의 쓸모가 다하면 곧바로 땅이 갈라져서 꽃잎은 흔적도 없이 깨끗하게 사라진다.

정해진 시간이 되면 다시 바람이 불어와서 꽃잎이 흩날리는데, 극락에는 이와 같은 현상이 하루에 여섯 번씩 되풀이 된다. 또한 극락에는 여러 가지 보배연꽃이 온 불국토에 가득 피어있는데, 하나하나의 보배꽃 송이 마다 백천억 개의 꽃잎이 있고, 그 꽃잎에서 나오는 광명의 색깔도 수없이 다양하다.

푸른 연꽃에서는 푸른 광명이 나오고, 흰 연꽃에서는 흰 광명이 나오며, 검은색·노란색·붉은색·보라색 연꽃에서 나오는 광명도 각각 그러하다. 연꽃은 태양이나 달처럼 찬란히 빛난다. 하나하나의 꽃송이에서 삼십육백천억의 광명이 나오고, 그 하나하나의 광명속에서 또 다시 삼십육백천억의 부처님께서 나투시는데, 몸은 자마금색이시고 상호는 대단히 훌륭하시다. 이 한 분 한 분의 모든 부처님들께서 백천 가지 광명을 발산하시면서 무량한 중생들을 부처님의 바른 가르침에 편안히 머물 수 있게 해주신다.”

부처님께서 아난에게 말씀하셨다.

“극락에 왕생하는 중생들은 모두 다 성불할 것이 결정된 정정취에 머물게 된다. 왜냐하면 극락에는 지옥에 떨어질 것이 결정된 사정취나, 아무것도 결정이 안된 부청취가 없기 때문이다. 시방세계에 갠지스강의 모래와 같이 많은 모든 부처님들도 다 함께 아미타불의 불가사의한 위신력과 공덕을 찬탄하신다. 어떤 중생이라도 아미타불의 이름을 듣고 믿는 마음으로 기뻐하면서 단 한 번만이라도 지극한 마음으로 극락에 왕생하기를 원한다면 곧바로 왕생해서 불퇴전에 머물게 된다. 다만, 오역죄를 지은 자와 정법을 비방한 자는 제외된다.”

부처님께서 아난에게 말씀하셨다.

“시방세계의 모든 천인과 사람들 중에는 지극한 마음으로 극락에 왕생하기를 원하는 세 가지 부류가 있다.

그중에 상배자란 집과 욕심을 버리고 사문이 되어 보리심을 내어서 오직 한마음으로 아미타불만을 염불하면서 모든 공덕을 닦아 극락에 왕생하기를 원하는 사람들이다. 이런 사람이 목숨을 마칠 때면 아미타불께서 여러 대중들과 함께 그 사람 앞에 나타나신다. 그러면 그는 곧바로 아미타불을 따라 극락에 왕생해서 칠보연꽃속에 저절로 화생으로 태어나서 불퇴전에 머물게 되고, 지혜와 용맹을 갖추며, 신통이 자재하게 된다.

그러므로 아난아, 어떤 중생이라도 이 세상에서 아미타불을 친견하길 바란다면 마땅히 위없는 보리심을 내어서 공덕을 닦아 극락에 왕생하기를 원해야 한다.”

부처님께서 아난에게 말씀하셨다.

“중배자란 시방세계의 모든 천인과 사람들 중에서 지극한 마음으로 극락에 왕생하기를 원하는 자로서 비록 출가사문이 되어 큰 공덕을 닦지는 못하지만, 마땅히 위없는 보리심을 내어서 오직 한마음으로 아미타불만을 염불하는 사람들이다. 또한 이들은 크고 작은 착한 일을 하고, 계율을 받들어 지키고, 탑과 불상을 조성하고, 스님들께 공양을 올리고, 비단 깃발을 달고, 등불을 밝히고, 꽃을 뿌리고, 향을 사르는 이 같은 공덕을 회향해서 극락에 왕생하기를 원하는 사람들이다. 이런 사람이 목숨을 마칠 때면 아미타불께서는 광명과 상호가 실제 부처님과 똑같은 화신불의 모습으로 여러 대중들과 함께 그 사람 앞에 나타나신다. 그러면 그는 곧바로 화신불을 따라 극락에 왕생해서 불퇴전에 머물게 되고, 공덕과 지혜는 상배자 다음이 된다.”

부처님께서 아난에게 말씀하셨다.

"하배자란 시방세계의 모든 천인과 사람들 중에서 지극한 마음으로 극락에 왕생하기를 원하는 자로서 비록 모든 공덕을 짓지는 못하지만, 마땅히 위없는 보리심을 내어서 오직 한마음으로 열 번만이라도 아미타불을 염불하면서 극락에 왕생하기를 원하는 사람들이다. 또한 하배자란 심오한 염불법문을 듣고 기뻐하면서 즐겁게 믿고 의심하지 않으며, 단 한 번만이라도 아미타불을 염불하면서 간절한 마음으로 극락에 왕생하기를 원하는 사람들이다."

부처님께서 아난에게 말씀하셨다.

"아미타불의 위신력은 끝이 없어서 시방세계의 한없이 많은 모든 부처님들께서 찬탄하지 않는 분이 없으시다.

갠지스강의 모래와 같이 많은 동방 불국토의 모든 보살들도 모두 다 극락에 와서 아미타불께 정성을 다해서 공양을 올리고, 극락에 있는 모든 보살과 성문들에게도 똑같이 한다. 그리고 아미타불의 법문을 듣고 나서 중생들을 교화한다. 동방 뿐만 아니라 남방·서방·북방·사유·상방·하방에 있는 모든 불국토의 보살들 또한 그와 같이 한다."

그때 석가모니부처님께서 게송으로 말씀하셨다.

동방에 있는 모든 불국토

갠지스강의 모래 수처럼 많은데,

그 많은 나라에 있는 모든 보살들이

아미타불을 찾아 뵙네.

남방·서방·북방·사유·
상방·하방에 있는 불국토의
모든 보살들 또한
아미타불을 찾아 뵙네.

시방세계의 모든 보살들이
아름다운 천상의 꽃과 보배향과
한없이 귀한 옷을 가지고 와서
아미타불께 공양을 올리네.

다 함께 천상의 음악 연주하면서
조화롭고 아름다운 소리로 노래를 불러
가장 높으신 분, 아미타불을 찬탄하며
공양을 올리네.

신통과 지혜에 통달하시고,
심오한 법문에 자유자재하시며,
무량한 공덕을 갖추신
아미타불의 묘한 지혜 짝할 이 없네.

지혜의 태양으로 세상을 비추어
생사의 검은 구름 없애 주시니,
보살들이 공경하여 세 번 돌고
위없는 아미타불께 머리 숙여 예배드리네.

장엄하고 청정한 극락을 보니
미묘하고 불가사의한 모습들 뿐이라서
보살들이 무량심을 일으켜
자신들의 국토도 극락과 같아 지기를 발원하네.

그때 아미타불께서
밝은 얼굴로 미소 지으시니
무수한 광명이 입에서 나와
시방세계를 널리 비추네.

그 광명이 다시 돌아와 아미타불의 몸을 감싸고,
세 번 돌아 아미타불의 정수리로 들어가니
모든 천인과 사람들이
펄쩍 뛰며 모두 다 기뻐하네.

그때 관세음보살이
옷깃 여미고 머리 숙이며 여쭙기를,
'아미타부처님, 무슨 일로 미소 지으시는지
그 뜻을 말씀해 주옵소서'.

그러자 아미타불께서 천둥처럼 맑고 깨끗한 음성으로
여덟 가지 미묘한 소리를 내면서 게송으로 말씀하시길,
"보살들에게 수기를 줄것이니,
나의 이 말을 명심해서 들어라.

시방세계에서 온 보살들의 소원

내가 모두 다 알고 있으니,

장엄하고 청정한 불국토를 간절히 구한다면

반드시 수기 받고 부처가 되리라.

모든 법이 꿈같고, 허깨비 같으며,

메아리 같은 줄을 분명히 깨닫고

미묘한 서원 모두 성취하면

극락과 같은 불국토 반드시 이룩하리라.

모든 법이 번개나 그림자 같음을 깨닫고,

보살도를 끝까지 닦으면서

온갖 공덕 갖추면

반드시 수기 받고 부처가 되리라.

또한 모든 법의 성품이 공하고

무아임을 통달하고서

청정한 불국토를 간절히 구한다면

극락과 같은 불국토 반드시 이룩하리라.”

다시 석가모니부처님께서 게송으로 말씀하시길,

모든 부처님들께서도 보살들에게 말씀하시길,
극락의 아미타불을 찾아 뵙고
법문을 듣고 기쁜 마음으로 실천한다면
청정한 수행의 경지에 빨리 오르게 되리라.

장엄하고 청정한 극락에 가기만 하면
곧바로 신통을 얻고,
반드시 아미타불께 수기를 받아
등정각을 성취하게 되리라.

아미타불께서 세우신 본래 원력은
'나무아미타불' 그 이름만 듣고도 왕생하길 원하면
모두 다 극락에 태어나서
저절로 불퇴전에 오르게 되는 것.

그러니 보살들이 지극한 원을 세워서
자신들의 나라도 극락과 같아지기를 바라고,
모든 중생들 제도해 준다면
그 이름이 시방세계에 널리 퍼지리라.

그러면 모든 불국토를 날아 다니며
수많은 부처님들을 받들어 모시고
기쁜 마음으로 공경한 뒤에는
다시 극락으로 돌아오게 되리라.

과거생에 선근공덕 쌓지 못했다면
이 경전을 들을길 없고,
청정한 계행 지킨 사람만
부처님의 거룩한 가르침 들을 수 있네.

일찍이 부처님 친견한 사람은
이 법문 바로 믿을 수 있어서
겸손하고 공경히 들으면서 받들어 행하고,
펄쩍 뛰며 크게 기뻐한다네.

교만하고 악하고 게으른 사람은
이 법문 믿기 어렵고,
전생에 부처님 친견 했어야만
이 같은 가르침 기뻐하며 들을 수 있네.

성문이나 보살들도
부처님의 거룩한 마음 다 알지 못하기가,
마치 날 때부터 눈먼 사람이
다른 사람에게 길을 알려주는 것과 같네.

바다와 같은 부처님의 지혜는
깊고 넓고 끝이 없어서
성문이나 보살들은 헤아릴 수 없고,
오직 부처님들만 분명히 아실수 있네.

세상 모든 사람들이
모두 다 도를 얻어서
맑은 그 지혜로 본래 공함을 깨닫고,
억겁 동안 부처님의 지혜를 생각하면서

있는 힘 다해서 끝까지 해설하기를 목숨이 다하도록 해도
부처님의 지혜는 다 알지 못하네.
부처님의 지혜는 끝이 없어서
이와 같이 청정하다네.

사람 목숨 오래 살기 어렵고,
부처님 만나 뵙는 것 역시 어려우며,
사람이 믿음과 지혜 다 갖추는 것 또한 어려우니,
좋은 법문 들었을 때 부지런히 닦아야 하네.

법문 듣고 잊지 않으며,
부처님을 뵙고 공경하면 큰 복을 얻어서
나의 좋은 벗이 되리라.
그러므로 마땅히 이렇게 발심하여라!

'온 세상에 불길이 가득 찬다 해도
반드시 그것을 뚫고 나아가서 불법을 듣고,
마침내 불도를 이루어서
생사에 헤매는 중생들 구제하리' 라고.

부처님께서 아난에게 말씀하셨다.

"극락에 있는 모든 보살들은 모두 이번 생만 지나면 다음 생에는 성불하게 되는 일생보처 보살들이다.

하지만 모든 중생들을 제도하겠다는 큰 서원을 세운 보살들은 일생보처에서 제외된다.

아난아, 극락에 있는 모든 성문들의 몸에서 나오는 광명은 자신의 몸 길이 정도이고, 보살들의 광명은 100유순을 비춘다. 그중에서도 두 보살이 가장 존귀하고 뛰어난데, 그들의 불가사의한 광명은 삼천대천세계 전체를 비춘다."

아난이 부처님께 여쭈었다.

"그 두 보살의 이름은 무엇입니까?"

부처님께서 말씀하셨다.

"한 분은 관세음보살이고, 또 한 분은 대세지보살이다. 이 두 보살은 이 사바세계에서 보살행을 닦다가 목숨이 다한뒤 극락에 화생으로 태어났다. 아난아, 극락에 왕생하는 중생들은 모두 다 32상을 갖추게 된다. 또한 지혜가 뛰어나서 모든 법의 깊은 부분까지 깨달을 수 있고, 신통에 막힘이 없으며, 육근이 밝고 예리해진다. 아무리 근기가 둔한 사람이라도 음향인과 유순인의 두 가지 인은 성취하고, 근기가 수승한 사람은 불생불멸의 도리를 깨닫는 무생법인을 얻게 된다. 또한 극락의 보살들은 성불할 때까지 악도에 떨어지지 않고, 신통이 자재하며, 항상 숙명통을 얻게 된다. 이 보살들이 비록 다른 세계의 오탁악세에 태어나서 그곳 중생들과 비슷한 모습을 하고 있더라도, 사실은 극락에 있는 보살들과 전혀 다를 바가 없다."

부처님께서 아난에게 말씀하셨다.

"극락의 보살들은 아미타불의 위신력 덕분에 한끼 식사하는 그 짧은 시간에도 시방의 무량한 세계를 다니면서 모든 부처님들께 정성을 다해서 공양을 올린다. 마음으로 생각만 해도 꽃·향기·음악·일산·당번과 같은 수많은 공양구들이 저절로 나타난다. 그 공양구들은 진귀하고, 미묘하며, 대단히 특별해서 이 세상에서는 볼 수가 없다.

그것들을 모든 부처님들과 보살·성문대중들에게 받들어 공양하면 하늘위에서 꽃일산으로 변하는데, 그 광명은 찬란히 빛나고 향기는 널리 퍼진다. 그 꽃일산은 둘레가 400리나 되며, 이런식으로 점점 커져서 삼천대천세계 전체를 뒤덮기도 한다. 꽃일산은 나타난 순서에 따라 차례대로 사라진다. 그 모든 보살들은 함께 기뻐하고, 하늘위에서 다 같이 천상의 음악을 연주하면서 미묘한 소리로 노래를 불러 부처님의 공덕을 찬탄한다.

그리고는 부처님의 법문을 들으면서 한없는 기쁨을 느끼게 된다. 시방의 부처님들께 공양을 올리고 난 보살들은 식사전에 가볍게 날아서 순식간에 극락으로 돌아온다."

부처님께서 아난에게 말씀하셨다.

"아미타불께서 모든 성문과 보살들을 위해 설법하실 때는 칠보강당에 모두 모이게 해서 가르침을 널리 펴시고, 묘법을 말씀해 주신다. 그 법문을 들으면 누구든지 기쁨이 넘치게 되고, 마음이 열려서 깨달음을 얻게 된다.

그때 사방에서 저절로 바람이 일어나서 보배나무 쪽으로 불어오면 다섯 가지 아름다운 소리가 울려퍼지고, 셀 수도 없는 아름다운 꽃들이 바람을 따라 비 오듯이 흩날린다. 극락에는 이렇게 저절로 이루어지는 공양이 끊어지지 않는다. 그리고 모든 천인들도 다 함께 천상의 백천 가지 꽃과 향, 만 가지 음악으로 아미타불과 보살들과 성문들에게 공양을 올린다. 꽃과 향을 널리 뿌리고, 모든 음악을 연주하면서 질서정연하게 앞뒤로 오고 가는데, 이 때의 즐거움을 말로는 결코 표현할 수 없다.”

부처님께서 아난에게 말씀하셨다.

“극락에 왕생한 모든 보살들이 설법할 때는 항상 바른 법만을 말하고, 그것이 부처님께서 깨달으신 지혜와 일치해서 틀리거나 실수하는 일이 없다. 극락에 있는 모든 것들에 대해서도 내 것이라는 생각이 없으니 집착하는 마음이 없다. 그래서 가고 오고, 나아가고 머무를 때도 어떤 걸림도 없이 마음이 자유자재하다.

또한 좋고 싫고의 분별심이 없고, 너와 나라는 차별심도 없으니 다툼도 시비도 없다. 모든 중생들을 사랑하는 마음으로 오직 그들을 이롭게 하려는 생각 뿐이다. 극락의 보살들은 마음을 잘 다스려서 화내거나 원망하지 않고, 번뇌를 떠나서 청정할뿐 싫어하거나 게으른 마음도 없다. 오직 평등한 마음·수승한 마음·깊은 마음·고요한 마음·법을 사랑하고 법을 즐기며 법을 기뻐하는 마음 뿐이다. 또한 모든 번뇌를 제거해서 악한 마음이 없고, 모든 보살행을 닦아서 한없는 공덕을 성취한다. 극락의 보살들은 깊은 선정과 육신통과 삼명과 지혜를 얻고, 칠각지를 배우면서 불법을 닦아 나간다. 그 보살들은 오안을 갖추고 있는데, 맑고 밝은 육안으로는 현상을 분명하게 볼 수 있고, 천안으로는 모든 것을 걸림 없이 볼 수 있으며, 청정한 천안으로는 모든 법을 깊이 관할 수 있고, 혜안으로는 이 세상의 진여실상을 깨달아 피안에 이를 수 있으며, 불안을 성취해서 모든 법의 성품을 잘 알고 있다.

극락의 보살들은 걸림 없는 지혜로 중생들을 위해 불법을 연설하고, 삼계가 본래 텅비어서 집착할 바가 없음을 알고 있다. 마음은 불법을 구하는 데만 두고, 모든 변재를 갖춰서 중생들이 겪는 번뇌의 괴로움을 없애준다. 모든 법이 여여하다는 것을 잘 알고 있지만 중생들을 구제하기 위해 방편의 가르침을 베풀며, 세속의 이론은 좋아하지 않고 불법의 가르침만을 좋아한다. 극락의 보살들은 모든 선근을 닦으면서 마음은 오직 불도를 숭상한다. 모든 법이 다 적멸하다는 것을 깨달아서 생사와 번뇌로 인해 생겨나는 두 가지 습기를 모두 제거한다. 또한 심오한 법을 듣고도 의심과 두려움 없이 항상 바르게 수행해 나간다.

그 보살들의 대자비심은 깊고 미묘해서 모든 중생들을 다 감싸주고, 일승법을 끝까지 펼쳐서 중생들을 피안으로 인도해준다. 의심의 그물을 끊어버렸기 때문에 그들의 지혜는 마음에서 우러나오고, 그 지혜는 부처님의 가르침을 벗어나지 않는다. 그들의 지혜는 큰 바다와 같고, 삼매는 수미산과 같으며, 그 지혜의 광명은 해나 달보다도 더 밝고 깨끗해서 청정한 불법을 원만히 갖추고 있다.

극락에 있는 보살들의 마음은

설산과 같이 깨끗해서 모든 공덕을 평등하게 비춰주고,

넓은 땅과 같아서 깨끗하고 더럽고 좋고 싫고의 분별심이 없고,

깨끗한 물과 같아서 번뇌의 모든 때를 씻어주고,

타오르는 불과 같아서 모든 번뇌의 찌꺼기를 태워 없애주고,

큰 바람과 같아서 모든 세계를 막힘 없이 다닐 수 있고,

허공과 같아서 그 무엇에도 집착하지 않고,

연꽃과 같아서 세상의 어떤 더러움에도 물들지 않고,

대승과 같아서 모든 중생들을 태우고 생사의 바다를 건너게 해주고,

두터운 구름과 같아서 법의 천둥을 쳐서 깨닫지 못한 중생들을 깨닫게
해주고,

큰 비와 같아서 감로수와 같은 법비를 내려 중생들을 이익되게 해준다.

또한 극락에 있는 보살들의 마음은

금강산과 같아서 온갖 마귀와 외도들이 흔들 수 없고,

범천왕과 같아서 모든 착한 일에는 언제나 으뜸이 되고,

니구류나무와 같아서 모든 중생들을 덮어주고,

우담바라꽃 같이 희유해서 만나기 어렵고,

금시조와 같아서 외도들을 위엄으로 항복시키고,

날아다니는 새와 같아서 쌓아두지 않고,

황소의 왕과 같아서 모두를 이길 수 있고,

코끼리의 왕과 같아서 항복을 잘 받아내고,

사자의 왕과 같아서 두려워하지 않고,

허공과 같이 넓어서 대자비심을 평등하게 베풀어 주고,

질투하는 마음을 끊어버렸기 때문에 남을 이기려고 하지 않는다.

극락에 있는 보살들은 오직 즐겁게 법을 구할뿐 적당히 만족해하지 않
으며, 항상 널리 법을 설하면서도 피곤해하거나 게으름 부리지 않는다.

불법의 북을 치고, 불법의 깃발을 세우며, 지혜의 광명을 비춰서 중생들의 어리석음을 없애준다. 육화경을 닦고, 항상 거룩한 법을 베풀어주면서 용맹하게 정진할뿐 나약하게 뒤로 물러서지 않는다. 또한 극락의 보살들은 세상을 위해 등불을 밝혀주는 가장 수승한 복전이 되고, 좋아하거나 싫어하는 마음 없이 항상 모든 중생들을 평등하게 인도하는 스승이 되어 준다. 오직 정법만을 좋아하지 다른 기쁨이나 슬픔은 없다. 중생들이 지닌 모든 탐욕의 가시를 뽑아서 그들을 편안하게 해주기 때문에 그 공덕의 수승함을 존경하지 않을 수 없다. 극락의 보살들은 탐진치의 장애를 제거하였고, 모든 신통력에도 자재하다.

원인의 힘, 인연의 힘, 의지의 힘, 서원의 힘, 방편의 힘, 항상 변하지 않는 힘, 선의 힘, 선정의 힘, 지혜의 힘, 법문을 많이 듣고 얻은 힘, 보시·지계·인욕·정진·선정·지혜의 육바라밀의 힘, 바르게 생각하는 힘, 바르게 관찰하는 힘, 육신통의 힘, 삼명의 힘, 모든 중생들을 여법하게 조복시키는 힘 등, 이와 같은 모든 힘들을 다 갖추고 있다. 또한 몸의 모습·상호·공덕·변재를 장엄하게 갖춰서 그 누구도 극락의 보살들과는 비교될 수 없다.

모든 부처님들을 공경하고 공양하므로 모든 부처님들께서도 항상 그들을 칭찬해 주신다. 그 보살들은 모든 바라밀을 끝까지 수행하고, 공삼매·무상삼매·무원삼매·불생불멸삼매를 닦아서 성문과 연각의 수준을 완전히 초월해 있다. 아난아, 극락의 모든 보살들은 이와 같은 한없는 공덕을 성취한다. 나는 그대를 위해 간략히 말했을 뿐인데, 만약 자세히 말하려면 백천만 겁이 지나도 다할 수가 없다.”

부처님께서 미륵보살과 모든 천인 및 대중들에게 말씀하셨다.

"극락세계에 있는 성문과 보살들의 공덕과 지혜를 말로는 다할 수 없다. 또한 극락세계가 미묘하고, 안락하며, 청정하다는 것은 지금까지 말한 것과 같다. 그럼에도 중생들은 왜 힘써 선을 닦지 않고, 거룩하신 아미타불을 염불하지 않는가? 극락이란 상하차별 없이 평등하고, 모든 것을 완벽하게 통달할 수 있는 곳이다.

각자 부지런히 정진하고 노력해서 스스로 찾는다면 반드시 고통의 세간을 뛰어넘어 극락에 왕생하게 된다.

그러면 오악취는 끊어지고 악도는 저절로 닫혀서 성불의 길에 오르게 된다. 극락에 가기가 이렇게 쉬운대도 가려는 사람이 없다. 극락에 가고 싶어하면 그 어떤 방해도 없이 저절로 이끌려서 가게 된다. 그럼에도 왜 세상 일을 버리지 않는가? 부지런히 염불해서 극락에 왕생하면 영원한 삶을 얻고, 수명과 즐거움이 끝이 없는대도 말이다. 하지만 세상 사람들은 저속해서 급하지도 않는 일 때문에 서로 싸운다. 이렇게 지극히 악독하고 고통스러운 세상 속에서 오직 자신들의 생계만을 위해서 고생하고 있다. 신분이 높거나 낮거나, 가난하거나 부유하거나, 남녀노소를 가릴 것 없이 모두가 돈과 재물 때문에 괴로워한다. 하지만 돈이 있든 없든 근심걱정은 사라지지 않는다. 두려움과 걱정이 쌓여서, 또 마음을 가만 두지를 못해서 잠시도 편할 때가 없다. 땅이 있으면 땅 때문에 걱정이고, 집이 있으면 집 때문에 걱정이다. 소나 말 등의 가축부터 하인 · 돈 · 재물 · 옷 · 음식 · 집안 살림살이에 이르기까지 모든 것이 다 걱정거리다. 이런 생각과 고민이 깊어지면 더욱 근심하고 두려워한다. 때로는 뜻밖의 수재나 화재를 입어서 재물이 물에 떠

내려가거나 불태워지기도 하고, 도둑이나 원수나 빚쟁이에게 빼앗겨서 없어져 버리기도 한다. 그러면 마음의 독은 풀릴 때가 없고, 쌓인 분노 때문에 괴로움에서 벗어나지도 못하게 된다. 마음이 인색하고 완고해서 작은 재물도 내놓지 못하지만 이렇게 살다 몸이 망가져서 죽을 때가 되면 모든 것을 다 버리고 가야 할뿐 그 어떤 것도 가지고 갈 수는 없다. 존귀한 자나 부자에게도 이런 근심이 있는 것은 마찬가지라서, 모두가 다 수만 가지의 근심과 괴로움을 안고 살아간다. 그 고통은 마치 심한 추위나 무더위 속에서 살아가는 것과 같다.

그리고 가난하고 천한 사람의 마음 또한 항상 괴롭고 고달프기만 하다. 땅이 없으면 땅을 가지려고 걱정하고, 집이 없으면 집을 가지려고 걱정한다. 소나 말 등의 가축·하인·돈·재물·옷·음식·집안 살림살이 등이 없으면 또한 이것들을 가지려고 걱정한다. 어쩌다 하나가 생기면 다른 하나가 다시 부족하다고 생각하고, 이것이 생기면 또 저것이 부족하다고 생각하면서 모든 것을 다 가지려고 한다. 하지만 모든 것을 다 가지게 되더라도 얼마 지나지 않아서 다시 없어져 버린다. 이렇게 근심하고 괴로워하면서 다시 찾아 다녀도 그때마다 얻을 수 있는 것도 아니다. 생각해 봐도 아무 이익이 없고, 몸과 마음만 고생스러우며, 앉으나 서나 불안하기만 하다.

이 같은 근심과 괴로움은 끝없이 이어지는데, 그 고통은 마치 심한 추위나 무더위 속에서 살아가는 것과 같다.

때로는 이같은 고통 때문에 목숨을 잃기도 한다. 평소에 선행을 한적이 없고, 도를 닦거나 공덕을 쌓지도 않았기 때문에 목숨이 다하고 죽으면 당연히 혼자서 먼 곳으로 가야한다. 하지만 어떤 곳으로 가는지

알지도 못한채 가게 된다. 세상 사람들 중에서 부모와 자식·형제·부부·가족·친척 간에는 서로 공경하고 사랑해야지 미워하거나 질투하지 말아야 한다. 있는 것 없는 것을 서로 살피고 도와주면서 탐하거나 인색하지 말아야 하고, 말과 표정을 부드럽게 하면서 서로 싸우지 말아야 한다. 혹시라도 싸우고 나서 화난 마음을 그대로 두면, 이번 생에서는 미움과 질투가 비록 작더라도 다음 생에서는 그 미움과 질투의 마음이 점점 커져서 큰 원수가 되기도 한다. 세상 일이란 서로를 힘들게 하더라도 곧바로 그 과보가 나타나는 것은 아니다. 하지만 최대한 빨리 그 악한 마음을 깨트려 없애야 한다. 독을 품고 화가 쌓이면서 분한 마음이 맺히면 그 원한은 점점 커져서 결국 떨쳐버리지 못하게 된다. 그래서 생사를 되풀이하면서 다서 서로를 보복하게 되는 것이다.

사람은 세상의 애욕 속에서 혼자 태어났다가 혼자 죽고, 혼자 갔다가 혼자 온다. 자신이 지은 선행과 악행에 대한 과보는 자기 스스로 받아야 할뿐 그 누구도 대신 받아줄 수 없다. 선행을 하면 좋은 곳에, 악행을 하면 괴로운 곳에 태어난다는 것은 틀림없는 사실로서 당연히 혼자서 그곳으로 가야한다. 멀리 떨어진 다른 곳으로 가면 아무리 친한 사람도 만날 수 없고, 오직 자신이 지어놓은 선업과 악업만이 자신을 뒤쫓아올 뿐이다.

아득히 멀고 어두운 곳에서 오랫동안 떨어져 있어야 하고, 가는 길 또한 같지 않아서 볼 기약도 없으니 다시 만나기란 참으로 어려운 일이다. 그럼에도 왜 세상의 하찮은 일들을 그만두지 않으며, 몸이 젊고 건강할 때 부지런히 선을 닦고 정진해서 고통의 세상을 벗어나려 하지 않는가? 왜 영원한 삶을 얻을 수 있는 참된 길을 찾지 않는가? 도대체 무엇을 기대하며, 어떤 즐거움을 바라고 있단 말인가?

이와 같이 세상 사람들은 선행을 하면 좋은 과보를 얻고, 도를 닦으면 깨닫게 된다는 사실을 믿지 않는다.

사람이 죽으면 다시 태어나고, 은혜를 베풀면 복을 받는다는 것 또한 믿지 않는다. 인과응보의 사실을 전혀 믿지 않고, 오히려 부정하며 결코 없는 일이라 생각한다. 이런 것은 세상 사람들의 모습을 잘 살펴보면 저절로 알게 된다. 앞 사람들이 하는 것을 뒷 사람들이 똑같이 따라하는데, 그런식으로 부모도 자식들에게 똑같이 가르치고 있다. 앞 세대의 사람들과 조상들도 선한 일을 한적이 없고 도덕을 알지도 못해서 행동은 어리석고, 정신은 어두우며, 마음과 생각 또한 꽉 막혀있다. 그래서 생사윤회와 인과응보의 이치를 스스로 알길이 없다.

또한 그것을 알려주는 사람도 없으니 길흉화복의 업을 다투듯이 짓는 것도 이상하지는 않다.

'태어나면 반드시 죽는다' 라는 것은 영원불변의 진리이다. 부모는 자식을 잃어서 울고, 자식은 부모를 잃어서 울며, 형제·부부도 서로를 잃어서 운다. 나이의 많고 적음에 관계없이 죽음에는 순서가 없다는 것이 무상의 본질이다. 모든 것은 다 사라지고 영원할 수 없다는 것을 가르쳐주지만 이것을 믿는 사람은 적다. 그래서 생사윤회의 고통이 끝없이 이어지는 것이다. 이런 사람들은 마음이 어리석고 거칠어서 경전의 가르침을 믿지 않는다. 앞으로 닥쳐올 일들에는 아무 관심이 없고, 오직 눈앞의 즐거움만을 바라고 있다.

분노에 빠져 있고, 굶주린 늑대처럼 돈과 이성만을 탐하고 있으니 도를 얻을 길이 없다. 그러다 결국 삼악도에 떨어져서 끝없는 생사윤회의 고통을 받게 되니, 슬프고도 참으로 가여운 일이다.

때로는 집안 식구 중에 부모와 자식·형제·부부 사이에 누군가가 먼저 죽으면 남은 사람들은 서로 슬퍼한다.

사랑과 그리움과 근심이 뒤섞여서 마음은 괴로워지고, 시간이 지나도 잊지를 못한다. 날이 가고 해가 바뀌어도 마음은 풀리지 않고, 진리의 길을 가르쳐주어도 마음은 열리지 않는다. 죽은 사람의 은혜와 사랑만 생각하면서 애정을 버리지 못하고 있으니, 마음은 어둡고 답답해져서 어리석음에 휩싸이게 된다. 그래서 깊이 생각하고 잘 헤아려서 바른 마음으로 부지런히 정진하지 못하고, 세상 일을 끊어버리지도 못하는 것이다. 이렇게 어영부영하다가 문득 죽음이 닥쳐오면, 끝내 도를 얻을 길이 없으니 참으로 어떻게 할 수가 없다.

세상은 흐리고 어지러우며, 모두들 그 속에서 애욕만을 탐하고 있다. 또한 도를 의심하는 사람은 많고, 도를 깨달은 사람은 적다. 세상 일이란 부질없이 바쁘기만 할뿐, 믿고 의지할 만한 것이 못된다.

존귀한자·천한자·윗사람·아랫사람·가난한자·부자 할것없이 모두가 힘들게 일하고 바쁘게 살면서 각자 마음 속에는 살기어린 독을 품고 있다. 이런 악한 기운이 심해지면 결국 큰 재앙까지 일어나게 된다. 세상의 이치를 거역하고, 사람으로서 지켜야 할 도리를 지키지 않는다면 그 악업에 대한 혹독한 대가만이 기다리고 있을 뿐이다. 그래서 수명이 다하기도 전에 갑자기 목숨을 빼앗기고 악도에 떨어져서 여러 생을 거듭하면서 괴로움을 받게 되는 것이다. 악도 속에서 돌고 돌며 수천억겁의 시간이 지나도 벗어날 기약이 없는 그 고통을 말로는 다 표현할 수 없다. 참으로 슬프고 가여운 일이다."

부처님께서 미륵보살과 모든 천인 및 대중들에게 말씀하셨다.

"나는 지금까지 그대들에게 세상 일들에 대해 말하였다. 사람들은 내가 말한 것과 같아서 도를 얻지 못하고 있다.

그러니 마땅히 깊이 생각하고 잘 헤아려서 모든 악업을 그만두어야 하고, 선한 일을 선택해서 부지런히 실천해야 한다. 애욕과 부귀영화는 영원하지 않고, 모두 덧없이 흩어지고 마는 것이라서 좋아할 만한 것이 못된다.

그러니 불법을 만났을 때 부지런히 정진해야 한다. 지극한 마음으로 극락에 왕생하려는 서원을 세운 사람은 뛰어난 지혜를 얻고, 수승한 공덕을 성취하게 될 것이다. 마음 내키는 대로 행동하거나, 경전과 계율의 가르침을 어겨서 남보다 뒤처지는 일이 없도록 해야 한다. 혹시라도 의심이 있거나, 정확히 이해하지 못한 사람이 있다면 모두 묻도록 하라. 내 마땅히 그대들을 위해 말해 주리라."

미륵보살이 무릎을 꿇고 부처님께 말씀드렸다.

"부처님의 위신력은 존귀하시고, 말씀하신 바는 참으로 훌륭하십니다. 부처님의 법문을 듣고 곰곰이 생각해보니 세상 사람들은 실로 부처님께서 말씀하신 것과 같습니다. 지금 부처님께서는 자비로우신 마음으로 큰 가르침을 나타내주시니, 저희들은 귀와 눈이 번쩍 트이고 긴 해탈을 얻게 되었습니다. 부처님의 말씀을 듣고 기뻐하지 않는 이는 없습니다. 모든 천인과 사람들은 물론 미물 곤충에 이르기까지 모두 부처님의 자비로우신 은혜를 입어서 근심과 괴로움에서 벗어나게 되었습니다. 부처님의 가르침은 대단히 깊고 참으로 훌륭하십니다.

부처님의 지혜는 시방법계와 과거 · 현재 · 미래의 모든 일들을 훤하게 꿰뚫지 못하는 것이 없습니다.

지금 저희들이 제도를 받게 된 것도 모두 부처님께서 전생에 도를 구하실 때 겸허하게 고생을 하신 덕분입니다. 부처님의 은혜는 모든 중생들을 덮어주고, 부처님의 복은 하늘 만큼 높으며, 부처님의 광명은 비추지 못하는 곳이 없습니다. 부처님께서는 공의 도리를 통달하셔서 중생들을 열반에 들게 해주십니다.

또한 경전을 가르쳐주시고, 위엄으로 항복시켜서 교화해 주시니 시방세계가 받은 감동은 다함도 끝도 없습니다.

부처님께서는 법의 왕이시고, 그 존귀함은 모든 성인들 보다도 뛰어나십니다. 그리고 모든 천상과 인간들의 스승이 되어 주시고, 중생들이 원하는 대로 모두 도를 얻게 해주십니다. 지금 부처님을 뵙고 또한 아미타부처님의 법문을 직접 듣게 되니 기뻐하지 않는 이가 없고, 모두가 마음이 열리고 깨달음을 얻게 되었습니다.”

부처님께서 미륵보살에게 말씀하셨다.

“그대의 말이 옳다. 정성스런 마음으로 부처님을 공경하는 것은 참으로 큰 선근공덕이 된다. 여래가 세상에 출현하는 것은 지극히 드문 일이다. 하지만 나는 이 세상에서 부처가 되어 불법을 연설하고, 진리의 가르침을 널리 전하고 있다. 그대들 또한 모든 의심의 그물을 끊어야 하고, 애욕의 뿌리를 뽑아야 하며, 모든 악의 근원을 막아야 한다. 그러면 삼계를 다니면서 중생들을 제도해도 아무런 걸림이 없을 것이다. 이 경전에서 말하는 지혜는 모든 가르침 가운데 핵심으로서, 가장 중요하고도 명확하다. 또한 이 경전에서 말하는 지혜는 오악취의 실상을 열어 보여서 아직 제도받지 못한 중생들을 제도해서 그들을 생사의 고통이 없는 열반의 길로 인도해준다.

미륵이여, 반드시 알아야 한다. 그대는 무수겁 이전부터 보살행을 닦아 왔고, 중생들을 제도해 온지도 아주 오래 되었다. 그대로 인해 도를 얻고, 열반에 이른 사람들의 수는 헤아릴 수 없이 많다. 그럼에도 그대를 비롯한 시방세계의 모든 천인과 사람들 그리고 사부대중들이 영겁 이래로 지금까지 오도를 헤매면서 근심하고, 두려워하며, 괴로워한 것을 말로는 다 표현할 수 없다. 그래서 오늘날까지 생사윤회의 고통이 계속되는 것이다.

하지만 다행스럽게도 부처님을 만나서 법문을 듣고 또한 아미타부처님에 대해서도 듣게되니, 이 얼마나 통쾌하고 대단한 일이 아닌가? 나는 그대들을 행복하게 해주고 싶다. 그대를 스스로도 이제는 생로병사의 고통을 싫어해야 한다. 이 세상은 악이 넘치고 깨끗하지 못해서 참된 즐거움이란 없는 곳이다. 그러니 스스로 결단해서 몸과 행동을 바르게 해야 하고, 많은 선행을 해야 한다. 자신을 다스려서 몸을 청정히 해야 하고, 마음의 때를 씻어 없애야 하며, 말과 행동을 진실되게 해서 겉과 속이 일치하도록 해야 한다. 자기 자신을 제도하고 나서는 다른 사람도 구제해야 한다. 또한 간절한 마음으로 극락에 왕생하기를 원하면서 많은 선근을 쌓아야 한다.

그러면 이번 생의 고생은 순식간에 지나가고, 다음 생에는 아미타불의 극락세계에 태어나서 끝도없는 즐거움을 누리게 될 것이다. 극락에 왕생하면 지혜와 복은 저절로 늘어나게 되고, 또한 생사윤회의 뿌리가 영원히 뽑혀 버렸기 때문에 탐진치 때문에 생기는 고통을 다시는 겪지 않게 된다. 수명은 일겁이든, 백겁이든, 천겁이든, 천억만겁이든 원하는 만큼 얼마든지 다 얻을 수 있다. 극락세계는 무위열반의 경계와 같은 곳이다.

그러니 그대들은 각자 정진해서 마음속으로 세웠던 서원들을 실천해야 한다. 의심하거나 후회하면 큰 장애가 생겨서, 극락세계의 변두리에 있는 칠보궁전에 태어나 500년 동안이나 모든 고난을 겪어야 한다.”

미륵보살이 부처님께 말씀드렸다.

“부처님의 간절하신 가르침을 받았으니, 오직 정성껏 닦고 배워서 가르침대로 받들어 실천할뿐 결코 의심하지 않겠습니다.”

부처님께서 미륵보살에게 말씀하셨다.

“그대들이 이 세상에서 마음과 생각을 바르게 해서 온갖 악행을 하지 않는다면 그것은 참으로 훌륭한 공덕이 되고, 시방세계에서 가장 뛰어나서 비교할 사람이 없게 된다. 왜냐하면 모든 불국토의 천인과 사람들은 착한 일만하고 나쁜 짓을 하지 않아서 교과하기가 쉽기 때문이다. 지금 내가 이 세상에서 부처가 되어 다섯 가지 악과 다섯 가지 고통과 다섯 가지 불길의 극심한 괴로움 한 가운데 있는 것은 중생들을 교화해서 다섯 가지 악을 버리게 하고, 다섯 가지 고통을 제거해 주며, 다섯 가지 불길을 떠나게 하기 위해서이다. 또한 그들의 마음을 되돌려서 다섯 가지 선을 지니게 하고, 그 복과 덕으로 세상을 건너고 장수와 열반을 얻게 하기 위해서이다.”

부처님께서 말씀하셨다.

“무엇이 5악이고, 5고통이며, 5불길인가? 그리고 어떻게 해야 5악을 버리고 5선을 지녀서 그 복과 덕으로 세상을 건너고 장수와 열반을 얻을 수 있을 것인가?"

부처님께서 말씀하셨다.

"첫 번째 악이란 다음과 같다. 모든 천인과 사람들은 물론 미물 곤충에 이르기까지 모두가 온갖 악행을 하려고 하는데 예외가 하나도 없다. 강자는 약자를 굴복시키고, 약자가 다시 상대방을 해치고 죽이면서 또 다시 서로를 물어뜯는 이런 일들을 계속 반복하고 있다. 착한 일을 할줄은 모르고 극악무도한 짓만 하기 때문에 결국 벌을 받아서 저절로 악도에 떨어진다. 천지신명은 모든 악행을 기록해 두었다가 죄인을 용서하지 않는다.

그래서 세상에는 가난한자 · 천한자 · 거지 · 고아 · 고독한자 · 귀머거리 · 장님 · 벙어리 · 바보 · 포악한자 · 곱추나 절름발이 · 미치광이 등이 있는 것이다. 그러나 한편으로는 존귀한자 · 부자 · 재주가 뛰어난자 · 총명한자 들이 있는데, 이것은 그들이 모두 전생에 자비와 효도를 행하고, 선을 닦고 덕을 쌓았기 때문이다. 세상에는 사람이 지켜야 할 도리가 있고, 나라에는 국법과 감옥이 있다. 조심하지 않다가 죄를 지어서 감옥에 들어가면 벌을 받게 되고, 벗어나려고 해도 벗어나기가 어렵다. 우리는 세상에서 악행에 대한 과보가 이렇게 나타나는 경우를 흔히 볼 수 있다. 하지만 목숨이 다하고 다음 세상에서 받는 벌은 더욱 심하고 극렬해진다.

저승에 가면 다른 몸을 받고 다시 태어나게 되는데, 그것은 마치 이 세상에서 극형을 받는 고통과도 같다.

당연히 삼악도에는 끝없는 고통이 있다. 몸을 계속 바꿔가면서 윤회를

하게 되는데, 그때마다 받는 수명은 길기도 하고 짧기도 하다. 하지만 영혼은 항상 자신이 지은 죄에 따라 고통을 받게 된다. 태어날 때는 혼자 태어나지만 전생의 원한 때문에 같은 곳으로 쫓아와서 다시 보복하기를 멈추지 않고, 그 악업이 다할 때까지는 서로 헤어지지도 못한다. 그곳을 떠돌면서 벗어날 기약이 없고, 해탈하지도 못하는 고통을 말로는 다할 수 없다.

하늘과 땅 사이에는 저절로 이러한 일들이 있다. 비록 그 과보가 곧바로 나타나지는 않더라도, 선행과 악행에 대한 과보는 반드시 그 사람에게 돌아가게 된다. 이것이 첫 번째 큰 악이고, 첫 번째 큰 고통이며, 첫 번째 큰 불길이다. 그 고통은 마치 큰 불길이 사람의 몸을 태우는 것과 같다. 하지만 마음을 잘 가다듬어 몸과 행동을 바르게 해서 오직 선행을 할뿐 악행을 하지 않는다면 몸은 홀로 고통에서 벗어나고, 그 복과 덕으로 세상을 건너 하늘에 태어나서 열반의 도를 얻게 될 것이다. 이것이 첫 번째 큰 선이다.”

부처님께서 말씀하셨다.

“두 번째 악이란 다음과 같다. 세상의 부모와 자식 · 형제 · 가족 · 부부는 모두 의리가 없고, 법도를 따르지 않는다.

사치하고 음란하며, 교만하고 방종하면서 모두가 자신들의 즐거움만을 추구하고 제멋대로 행동한다.

서로 속이고, 속마음과 하는 말이 각각 다르며, 말과 생각이 진실하지 못하다. 신하는 충성심 없이 아첨하고, 말을 꾸미면서 아양을 떤다. 또 어진 사람을 질투하고 착한 사람을 비방해서 억울한 상황에 빠트린다.

만약 임금이 현명하지 못해서 신하를 잘못 등용하면 신하는 마음대로
사람들을 속인다. 일 잘하는 신하가 있다해도 임금이 바르지 못하면 결
국에는 성실하고 선량한 사람들에게 손해를 끼치게 되고, 천심도 잃어
버리게 된다. 신하는 임금을 속이고, 자식은 부모를 속이며, 형제ㆍ부
부ㆍ친척ㆍ친구도 모두가 서로를 속인다. 각자 탐진치의 마음을 품고
오직 자신들의 이익만을 위해서 욕심을 부린다. 귀한자ㆍ천한자ㆍ윗
사람ㆍ아랫사람의 마음이 모두 다 똑같다. 집을 망치고, 자신을 망치
고도 앞뒤를 살펴보지 않다가 결국에는 이것 때문에 한 집안 전체가 망
하게 되는 것이다. 때로는 가족ㆍ친구ㆍ마을의 어리석은 사람들끼리
함께 일을 하다가 틀어지면, 서로 미워하고 화를 내다가 결국에는 원수
가 되기도 한다. 또 어떤 사람들은 부유하면서도 인색해서 베풀 줄을
모른다. 오직 재물만을 탐하느라 마음은 수고롭고, 몸은 고달프기만 하
다. 이렇게 살다보면 믿고 의지할 것이라곤 없어진다. 그저 자기 혼자
왔다가 혼자서 갈뿐, 그 누구도 따르는 사람이 없다. 선행과 악행의 결
과인 복과 재앙만이 그 사람을 따라간다. 그래서 어떤 사람은 행복한
곳에 태어나고, 어떤 사람은 고통 속으로 들어가게 되는 것이다. 뒤늦
게 후회한들 무슨 소용이 있겠는가? 세상 사람들은 어리석고 지혜가
부족해서 착한 사람을 보면 미워하고 비방할뿐, 칭찬하거나 본받으려
하지 않는다. 오히려 나쁜 짓을 하다가 마침내 법까지 어기게 된다. 항
상 도둑의 마음을 품고서 남의 재물을 탐내고, 다 써서 없어지면 또 다
시 찾아나선다. 마음이 바르지 않기 때문에 남의 눈치를 살피게 되고,
미리 조심하는 마음이 없기 때문에 일이 터지고 나서야 후회한다. 이
번 생에서는 나라의 법과 감옥이 있어서 지은 죄에 따라 벌을 받게 된

다. 전생에 도덕을 믿지 않고 선을 닦지도 않았기 때문에 이번 생에서
다시 죄를 짓게 되는 것이다. 천신들은 모든 악행을 똑똑히 기록해 두
었다가 죄인의 목숨이 다하면 악도로 떨어트려 버린다. 당연히 삼악도
에는 끝없는 고통이 있다. 그곳을 떠돌면서 수많은 겁이 지나도 벗어
날 기약이 없고, 해탈하지도 못하는 고통을 말로는 다할 수 없다. 이것
이 두 번째 큰 악이고, 두 번째 큰 고통이며, 두 번째 큰 불길이다. 그 고
통은 마치 큰 불길이 사람의 몸을 태우는 것과 같다. 하지만 마음을 잘
가다듬어 몸과 행동을 바르게 해서 오직 선행을 할뿐 악행을 하지 않는
다면 몸은 홀로 고통에서 벗어나고, 그 복과 덕으로 세상을 건너 하늘
에 태어나서 열반의 도를 얻게 될 것이다. 이것이 두 번째 큰 선이다.”

부처님께서 말씀하셨다.
“세 번째 악이란 다음과 같다. 세상 사람들은 서로간의 인연 때문에 태
어나서 같은 하늘 아래에서 살아간다.
하지만 그들이 누리는 수명은 얼마 되지 않는다. 위로는 현명한자 · 덕
있는자 · 존귀한자 · 부자가 있고, 아래로는 가난한자 · 천한자 · 불구
자 · 어리석은자가 있다. 그 사이에 나쁜 사람들이 있어서 항상 사악한
마음을 품고 있다.
이들은 오직 음란한 생각만 해서 마음속은 번뇌로 가득하고, 애욕에 얽
매여 있어서 앉으나 서나 불안하기만 하다.
탐욕스런 마음으로 이성 생각만 하고, 탐욕스런 눈빛으로 그들을 훔쳐
보기 때문에 삿된 마음이 밖으로까지 흘러 넘친다. 자기 배우자는 싫
어하고 미워하면서 남몰래 다른 이성과 만나 집안 재산을 낭비하고, 법

까지 어기게 된다.

때로는 무리를 만들고 군대를 일으켜서 서로 해치고, 공격하고, 죽이고, 강제로 빼앗는 무도한 짓을 한다.

악한 마음으로 남의 재물만 탐내고, 자신은 일하지 않는다. 도둑질로 이득을 조금 보고나면 더 나쁜 일을 계획한다. 두려움에 떨면서도 협박을 해서 타인의 재물을 빼앗아 자신의 처자식들에게 갖다 준다. 방자한 마음으로 오직 즐거움만을 위해서 몸을 다 바치고, 친척이나 위아래 사람도 가리지 않고 나쁜 짓을 하기 때문에 가족과 친척들이 모두 근심하고 괴로워한다. 또한 법으로 금지한 것조차 두려워하지 않는다. 이 같은 악행은 사람이나 귀신들에게도 알려지고, 해와 달도 비춰보고 있고, 천지신명도 기록해 두고 있다. 당연히 삼악도에는 끝없는 고통이 있다. 그곳을 떠돌면서 수많은 겁이 지나도 벗어날 기약이 없고, 해탈하지도 못하는 고통을 말로는 다할 수 없다. 이것이 세 번째 큰 악이고, 세 번째 큰 고통이며, 세 번째 큰 불길이다. 그 고통은 마치 큰 불길이 사람의 몸을 태우는 것과 같다. 하지만 마음을 잘 가다듬어 몸과 행동을 바르게 해서 오직 선행을 할뿐 악행을 하지 않는다면 몸은 홀로 고통에서 벗어나고, 그 복과 덕으로 세상을 건너 하늘에 태어나서 열반의 도를 얻게 될 것이다. 이것이 세 번째 큰 선이다.”

부처님께서 말씀하셨다.

“네 번째 악이란 다음과 같다. 세상 사람들은 착한 일을 할 생각은 하지 않고, 서로 가르쳐가면서 온갖 나쁜 짓을 함께한다. 이간질·욕설·거짓말·꾸며대는 말을 한다. 남을 모함해서 괴롭히고, 서로 싸우고, 착한 사람을 미워하며 질투하고, 현명한 사람을 무너트릴려고 한다. 또한 자기 부부만 잘 살려고 하면서 부모에겐 불효하고, 스승과 어른을 업신여기며, 친구에게는 믿음을 지키지 않는 등 성실함 이라고는 찾아볼 수가 없다. 자기만 대단하고 자신에게 도가 있다고 착각해서 함부로 위세를 부리고, 남을 침범하고 무시한다. 자기분수를 알지 못하고, 나쁜 짓을 하고도 부끄러운줄을 모른다. 스스로 강한척 하면서 남이 공경하고 어려워하기만을 바란다. 천지신명과 해와 달도 두려워하지 않고, 착한 일을 할 생각도 없어서 이들을 제도하는 것은 어려운 일이다. 거만하게 항상 자신이 옳다고 생각하고, 근심과 두려움도 없이 항상 교만한 마음을 품고 있다. 이 같은 모든 악행은 천신들이 기록해 두고 있다. 전생에 복덕을 지었기 때문에 그나마 작은 선으로 보호를 받으며 살고 있다. 하지만 이번 생의 악행 때문에 그 작은 복덕마저 다 사라지면 모든 선신들은 전부 떠나버리고, 이 세상에서 혼자 되어 다시 의지할 곳은 없어진다. 그러다 목숨이 다하면 자신이 지어놓은 악업만이 자신을 찾아와서 저절로 삼악도로 끌고간다.

또한 죄인의 모든 악행은 천신들이 기록해두었기 때문에 결국 자신이 지은 악업에 이끌려서 삼악도로 떨어진다.

이것은 인과의 도리라서 그 누구도 벗어날 수가 없다. 오직 전생에 지은 악업 때문에 지옥의 불가마 속으로 끌려가서 몸과 마음이 산산조각 나는 고통을 겪어야 한다. 그때 후회한들 무슨 소용이 있겠는가? 인과응보는 한치의 오차도 없고, 당연히 삼악도에는 끝없는 고통이 있다. 그곳을 떠돌면서 수많은 겁이 지나도 벗어날 기약이 없고, 해탈하지도 못하는 고통을 말로는 다할 수 없다. 이것이 네 번째 큰 악이고, 네 번째 큰 고통이며, 네 번째 큰 불길이다. 그 고통은 마치 큰 불길이 사람의 몸을 태우는 것과 같다. 하지만 마음을 잘 가다듬어 몸과 행동을 바르게 해서 오직 선행을 할뿐 악행을 하지 않는다면 몸은 홀로 고통에서 벗어나고, 그 복과 덕으로 세상을 건너 하늘에 태어나서 열반의 도를 얻게 될 것이다. 이것이 네 번째 큰 선이다."

부처님께서 말씀하셨다.

"다섯 번째 악이란 다음과 같다. 세상 사람들은 빈둥거리면서 게으름만 피우지 선행을 하거나, 몸을 다스리거나, 일을 하지 않으려고 한다. 그래서 가족은 배고픔과 추위 때문에 고생한다. 부모가 가르치고 타이르면 눈을 부릅뜨면서 대들고, 말대꾸 하면서 반항하기를 마치 원수처럼 하므로 차라리 자식이 없는 것 보다도 못하다.

물건을 주고 받는대도 절도가 없어서 모두들 근심하고 싫어한다. 또한 은혜를 배반하고, 의리를 지키지 않으며, 보답할 생각조차 없으니 가난하고 곤란한 경우가 생겨도 다시 도움 받을 수도 없다. 남의 재산을 함부로 빼앗아서 방탕하게 즐기고, 다 써서 없어지면 또 비슷한 방법으로 돈을 마련하고 쓰면서 살아간다. 술에 빠져 있고, 맛있는 음식만 찾으며, 먹고 마시는대도 절제가 없이 제멋대로 방탕하게 살아간다. 남의 사정도 모른채 미련하게 몰아붙이고, 힘으로 억누르려고만 한다. 착한 사람을 보면 미워하고 질투하며, 의리나 예의도 없고, 반성하는 일도 없다. 자기 자신만 옳다고 생각하니 누가 타일러서 깨닫게 해줄 수도 없다. 또한 집안 살림이 있는지 없는지를 걱정하지 않고, 부모의 은혜도 모르며, 스승과 친구에 대한 의리도 없다. 마음으로는 항상 나쁜 생각을 하고, 입으로는 항상 나쁜 말을 하며, 몸으로는 항상 나쁜 행동만 하면서 지금껏 단 한번의 착한 일도 해본 적이 없다.

성인들과 부처님들의 가르침을 믿지 않고, 도를 닦으면 고통의 세상을 벗어날 수 있다는 것을 믿지 않으며, 죽은 뒤에 영혼이 다시 태어난다는 것 또한 믿지 않는다. 선행을 하면 복을 받고, 악행을 하면 죄를 받는다는 것 역시 믿지 않는다. 깨달음을 얻는 성인을 죽이려 하고, 화합된 승가를 싸움으로 분열시키려 하며, 부모·형제·친척들까지도 해치려고 하니, 일가 친척들이 모두 미워하고 차라리 죽기를 바란다. 이처럼 세상 사람들의 마음은 어리석고 어둡다. 그래서 스스로의 지혜로는 인간은 왜 태어났는지, 죽은 다음에는 어디로 가는지를 알지 못한다.

어질지 못하고 온순하지도 않으면서 오히려 세상을 거역하고 증오한다. 그러면서도 요행을 바라고, 오래는 살고 싶어 한다. 하지만 결국은 죽음을 피하지 못한다. 자비로운 마음으로 가르치고 타일러서 선을 생각하게 하고, 윤회와 인과응보의 도리가 있다고 알려 주지만 믿지를 않는다. 간절한 마음으로 말해 주어도 아무런 보람이 없다.

마음은 굳게 닫혀 있고, 생각 또한 열리지 않는다. 그러다 죽을 때가 되면 비로소 후회와 두려움이 밀려온다.

하지만 미리 선을 닦지 않다가 죽기 직전에 후회한들 무슨 소용이 있겠는가? 하늘과 땅 사이에는 오도가 분명히 있고, 그 이치는 매우 넓고 깊고 크다. 선과 악을 지으면 그 과보로 각각 복과 재앙을 받게 된다. 자신이 지어서 자기 스스로 받을뿐 그 누구도 대신 받아줄 수 없다. 인과응보는 자연의 이치라서 만약 악업을 지으면 그 재앙은 목숨을 따라다니고, 그 재앙에서 결코 벗어날 수 없다. 착한 사람은 선행을 해서 즐거운 곳에서 더 즐거운 곳으로 들어가고 지혜는 더욱 밝아진다. 하지만 나쁜 사람은 악행을 해서 괴로운 곳에서 더 괴로운 곳으로 들어가고 마음은 더욱 어두워진다. 누가 그 이치를 알고 있는가? 오직 부처님만이 알고 계실 뿐이다. 말로 가르치시고, 열어서 보여 주시지만 믿는 사람은 적다. 그래서 생사윤회는 계속되고, 악도는 끊어지지 않으며, 그 같은 중생들도 다 없어지지 않는 것이다. 당연히 삼악도에는 끝없는 고통이 있다. 그곳을 떠돌면서 수많은 겁이 지나도 벗어날 기약이 없고, 해탈하지도 못하는 고통을 말로는 다할 수 없다. 이것이 다섯 번째 큰 악이고, 다섯 번째 큰 고통이며, 다섯 번째 큰 불길이다. 그 고통은 마치 큰 불길이 사람의 몸을 태우는 것과 같다.

하지만 마음을 잘 가다듬어 몸과 생각을 바르게 해서 말과 행동을 일치시키고, 행동은 진실되게 하며, 마음과 하는 말을 다르지 않게 하면서 오직 선행을 할뿐 악행을 하지 않는다면 몸은 홀로 고통에서 벗어나고, 그 복과 덕으로 세상을 건너 하늘에 태어나서 열반의 도를 얻게 될 것이다. 이것이 다섯 번째 큰 선이다."

부처님께서 말씀하셨다.

"내가 그대들에게 말한 이 세상 5악의 괴로움은 이와 같고, 그 5악·5고통·5불길은 서로가 원인이 되고 결과가 되어서 생겨난다. 그래서 악을 짓기만 하고 선을 닦지 않으면 모두 다 저절로 악도로 떨어지게 된다.

때로는 이번 생에서 먼저 재앙과 병을 만나서 죽고 싶어도 죽지 못하고, 살고 싶어도 살지 못하는 자신이 저지른 악행의 결과를 사람들에게 보여주게 된다. 그러다 목숨이 다하면 지은 죄에 따라 악도로 떨어져서 끝도없는 고통을 받다가 결국 스스로의 몸을 불태우게 된다. 이 5악 · 5고통 · 5불길은 오랜 세월이 지나도 계속되어 또 다시 원한을 맺게 만든다. 처음의 작은 악행이 마침내 큰 비극으로 이어지는 것이다. 이 모두가 재물과 애욕에 집착한 나머지 남에게 베풀지 못했기 때문이고, 어리석은 욕망에 빠져서 아무 생각이나 하면서 살았기 때문이며, 번뇌에 묶여서 벗어나지 못했기 때문이다. 또한 자신의 이익에만 몰두한채 주변을 전혀 살피지 않았기 때문에 이렇게 된 것이다. 부귀영화는 그 당시만을 즐겁게 해줄 뿐이다. 인욕하지 않았고, 힘써 선을 닦지도 않았기 때문에 그 위세는 얼마 못가서 사라져버린다. 또한 몸의 괴로운 고통은 시간이 지나면 지날수록 더욱 심해진다. 인과응보는 한치의 오차도 없는 까닭에 법의 그물은 죄있는 모든 사람들을 뒤덮는다. 악업을 지은 자들이 근심하고 놀라면서 삼악도 속으로 들어가게 되는 것은 예나 지금이나 변함이 없으니 참으로 아프고 가여운 일이다.”

부처님께서 미륵보살에게 말씀하셨다.

“세상이란 이와 같아서 모든 부처님들께서는 중생들을 가엾게 여기시고, 위신력으로 온갖 악을 부수어 없애서 누구나 다 바른 길로 나아가게 하신다. 그러니 나쁜 생각을 버려야 한다. 또한 경전과 계율을 받들어 지녀야 하고, 받은 가르침을 실천하면서 어기거나 잃어버리지 말아야 한다. 그러면 마침내 고통의 세상을 건너고, 열반의 도를 얻게 될 것이다.”

부처님께서 말씀하셨다.

"지금의 그대들, 모든 천인과 인간 그리고 후세의 사람들은 불법의 가르침을 잘 듣고 곰곰이 생각해야 하고, 능히 그 가운데서 마음과 행동을 바르게 해야 한다. 윗사람은 선행을 하면서 아랫사람을 이끌어 교화해야 하고, 또한 서로 가르침을 전해주면서도 각자가 바르게 지켜야 한다. 성인을 존중하고, 착한 사람을 공경하며, 인자한 마음으로 모든 중생들을 사랑해야 한다. 그리고 부처님의 가르침을 감히 어기지 말아야 하고, 마땅히 해탈을 구해야 하며, 생사윤회를 일으키는 온갖 악의 뿌리를 뽑아 없애야 한다. 그러면 삼악도의 끝없는 근심·두려움·고통과는 영원히 작별하게 된다. 그대들은 이 세상에서 공덕을 널리 심어야 하고, 은혜를 베풀어야 하며, 계율을 어기지 말아야 한다. 인욕하고 정진하면서 한마음으로 지혜를 닦아야 하고, 서로 가르침을 전해주면서 덕을 쌓고 선행을 해야 한다. 이 세상에서 마음과 생각을 바르게 해서 하루 밤낮동안 청정하게 계율을 지킨다면, 그것은 극락세계에서 백년동안 선행을 하는 것 보다 수승하다. 왜냐하면 극락은 저절로 모든 선이 쌓여 있고, 털끝 만큼의 악도 없는 곳이기 때문이다. 또 이 세상에서 열흘 밤낮동안 선행을 하는 것이 다른 모든 불국토에서 천년동안 선행을 하는 것 보다 수승하다. 왜냐하면 다른 불국토는 선행을 하는 사람은 많지만 악행을 하는 사람은 적어서 저절로 복덕이 존재하고 악을 지을 데가 없는 곳이기 때문이다.

하지만, 유독 이 사바세계는 악은 많은데 저절로 존재하는 복덕이 없는 곳이다. 힘들게 고생하며 원하는 것을 얻을려고 서로 속이고 괴롭히니, 몸과 마음이 고달프기가 마치 쓴 것을 마시고 독약을 먹는 것과도 같다.

모두가 이렇게 바쁘게만 살면서 한번도 편안히 쉬지를 못하고 있다. 나는 그대들, 천인과 사람들을 가엾이 여기는 마음으로 간곡히 타일러서 선을 닦도록 가르쳤고, 근기에 따라 인도해서 경법의 가르침을 전해주었다.

이를 받들어 행한다면 각자가 원하는 대로 모두 다 깨달음을 얻게 될 것이다. 여래가 직접 다니는 국가·도시·마을은 모두 교화를 입어서 천하는 태평하고, 해와 달은 청명하며, 비와 바람은 때를 맞추어 오고, 재앙과 질병은 발생하지 않는다. 나라는 풍요롭고, 백성들은 편안하며, 군인과 무기는 필요가 없다.

또한 덕을 숭상하고, 자비심을 내며, 힘써서 예의와 겸양을 닦게 된다."

부처님께서 말씀하셨다.

"내가 그대들, 모든 천인과 사람들을 가엾이 여기는 것은 부모가 자식을 생각하는 마음보다도 더욱 깊다.

나는 이 세상에서 부처가 되어 5악을 항복시키고, 5고통을 제거하며, 5불길을 끊어 없앴다. 또한 선으로 악을 물리치고, 생사윤회의 고통을 뽑아내며, 다섯 가지 덕을 얻게 하고, 무위의 편안함에 이르게 하였다.

하지만 내가 이 세상을 떠난 뒤에는 경전의 가르침이 점점 사라져서 사람들은 아첨하고 거짓말하면서 다시 온갖 악행을 하게 될 것이다. 그래서 5불길과 5고통은 다시 그전과 같아질 것이고, 시간이 가면 갈수록 더욱 심해져서 말로는 다할 수 없는 상황이 될 것이다. 나는 그대들을 위해 간략히 말했을 뿐이다."

부처님께서 미륵보살에게 말씀하셨다.

"그러니 그대들은 각자가 잘 생각해야 하고, 또한 서로 깨우쳐주면서 경전의 가르침대로 행할뿐 결코 어기지 말아야 한다."

그때 미륵보살이 합장하고 부처님께 말씀드렸다.

"부처님의 말씀은 참으로 훌륭하시고, 세상 사람들은 참으로 부처님의 말씀과 같습니다. 부처님께서는 깊은 자비심으로 중생들을 가엾게 여기셔서 모두 다 고통에서 벗어나게 해주십니다. 부처님의 귀중한 가르침을 받은 이상, 감히 어기거나 잃어버리지 않겠습니다."

부처님께서 아난에게 말씀하셨다.

"그대는 일어나 법의를 단정히 해서 합장하고, 공경히 아미타불께 예배를 드려라. 시방세계의 모든 부처님들께서 아미타불의 집착 없고 걸림 없으심에 대해서 항상 함께 찬탄하신다."

그때 아난은 일어나 법의를 단정히 하고 몸을 바르게 해서 서쪽을 향해 공경히 합장한 다음 오체투지하면서 아미타불께 예배를 드렸다. 그리고 석가모니부처님께 말씀드렸다.

"부처님, 원하옵나니 아미타불의 극락세계와 그 곳에 있는 모든 보살과 성문대중들을 뵙게 하여 주옵소서."

이 말이 끝나자마자 곧바로 아미타불께서 큰 광명을 놓아 모든 불국토를 널리 비춰주시니, 금강철위산·수미산·크고 작은 모든 산과 세상의 모든 것들이 전부 똑같은 색으로 변하였다. 비유하자면 세상의 종말이 오면 큰 홍수가 세계를 덮쳐서 모든 것은 물속에 잠기고 보이는 것은 오직 엄청난 양의 물뿐이 듯이, 아미타불의 광명 또한 이와 같아서 성문과 보살들의 광명은 모두 가려지고 오직 아미타불의 광명만이 찬란하게 빛나고 있었다. 그때 아난은 아미타불을 뵙게 되었는데, 아미타불의 크고 높으신 위덕은 마치 수미산이 온 세상에서 가장 높이 솟아 있는 것과 같았다. 또한 아미타불의 거룩한 상호에서 나오는 광명이 비추치 못하는 곳이 없음을 보았다. 이곳에 모인 사부대중들이 다 같이 보았고, 극락세계에서 이곳을 보는 것도 그와 같았다.

그때 부처님께서 아난과 미륵보살에게 말씀하셨다.
"그대들은 극락세계에서부터 정거천에 이르기까지 그 사이에 있는 것들이 미묘하고, 장엄하며, 청정한 것을 모두 보았느냐?"
아난이 대답하였다.
"네, 보았습니다."
"그대들은 아미타불께서 거룩한 음성으로 법을 설하시며 시방세계 중생들을 교화하시는 것을 들었느냐?"
아난이 대답하였다.
"네, 들었습니다."
"극락의 사람들이 백천유순이나 되는 칠보궁전을 타고도 아무 장애 없이 시방세계를 두루 다니면서 모든 부처님들께 공양 올리는 것을 보았느냐?"
아난이 대답하였다.
"네, 보았습니다."
"극락의 사람들 중에는 태로 태어난 태생들이 있는데, 그들도 보았느냐?"
아난이 대답하였다.
"네, 보았습니다. 태생한 이들이 사는 궁전이 어떤 것은 100유순이고,

어떤 것은 500유순이나 되는것도 있었는데, 각기 그 가운데서 누리는 모든 즐거움은 마치 도리천에서 저절로 즐거움을 받는 것과 같았습니다."

그때 미륵보살이 부처님께 여쭈었다.

"세존이시여, 어떤 이유로 극락의 사람들에게는 태생과 화생의 구별이 있는 것입니까?"

부처님께서 미륵보살에게 말씀하셨다.

"어떤 중생들은 의심을 품은채 모든 공덕을 닦으면서 극락에 태어나기를 원한다. 그것은 그들이 부처님께서 지니신 다섯 가지 큰 지혜 즉, 불지 · 부사의지 · 불가칭지 · 대승광지 · 무등무륜최상승지에 대해서 알지 못하기 때문이다. 이 모든 지혜에 대해서는 의심해서 믿지 않고, 오히려 죄와 복만을 믿으면서 선근을 닦아 극락에 왕생하기를 원한다. 하지만 이런 중생들은 극락의 변두리에 있는 궁전에 태어나게 된다. 그곳에서는 500년 동안 항상 부처님을 친견하지 못하고, 법문을 듣지 못하며, 보살 · 성문 · 성중들을 보지 못한다. 이런 까닭으로 극락에서는 그들을 태생이라고 하는 것이다. 하지만 어떤 중생이라도 부처님께서 지니신 불지와 나머지 수승한 지혜들을 분명히 믿고, 모든 공덕을 지으면서 간절한 마음으로 극락에 왕생하기를 원한다면 이런 중생들은 칠보연꽃 속에 저절로 화생으로 태어나서 연꽃 위에 가부좌를 하고 앉게 된다. 그런후 잠깐만 지나면 상호 · 광명 · 지혜 · 공덕이 다른 모든 보살들과 똑같이 갖추어진다. 또한 미륵이여, 다른 불국토의 모든 대보살들도 발심해서 아미타불과 극락에 있는 모든 보살과 성문들을 뵙고서 공경하고 공양 올리기를 원한다면, 그 보살들의 목숨이 다한뒤 극락의 칠보연꽃 속에 저절로 화생으로 태어나게 된다. 미륵이여, 마땅히 알아야 한다. 화생한 사람들은 지혜가 수승하지만 태생한 사람들은 모두 지혜가 없어서 500년 동안 항상 부처님을 친견하지 못하고, 법문을 듣지 못하며, 보살과 성문들을 보지 못한다. 또한 부처님께 공양 올리지 못하고, 보살행에 대해서 알지 못하기 때문에 공덕을 닦지도 못한다. 이런 사람들은 전생에 지혜가 없었고, 의심만 했기 때문에 이렇게 되었다는 것을 마땅히 알아야 한다.”

부처님께서 미륵보살에게 말씀하셨다.

“예를들어, 전륜성왕이 특별히 궁전을 지어서 그곳을 칠보로 장식하고, 평상과 장막을 설치하며, 온갖 비단 깃발들을 걸어 두었다고 가정해보자. 만약 어린 왕자들이 죄를 지어서 왕에게 벌을 받게 되면, 그 궁전에 들어가서 금사슬로 묶인채로 음식·옷·침구·꽃·향·음악 등을 전륜성왕과 똑같이 공급 받게 된다.

어떻게 생각하느냐? 왕자들이 그곳을 즐거워하겠느냐?”

미륵보살이 대답하였다.

“아닙니다. 그들은 어떤 방법을 써서라도 그곳을 벗어나려고 할것입니다.”

부처님께서 말씀하셨다.

“이 모든 중생들 또한 그와 같다. 부처님의 지혜를 의심했기 때문에 태생의 궁전에 태어나는 것이다.

그곳에서는 어떤 벌도 받지 않고, 어떤 나쁜 일도 일어나지 않는다. 하지만 500년 동안 삼보를 뵙지 못하고, 공양을 올리지 못하기 때문에 모든 선근을 닦지 못한다. 이것이 태생한 이들에겐 괴로운 일이다. 비록 다른 즐거움이 있어도, 오히려 그곳을 좋아하지 않게 되는 것이다. 하지만 이런 중생들도 자신들이 지은 죄를 깨달아 스스로 깊이 참회하면서 그곳을 떠나길 원한다면, 곧바로 아미타불께서 계시는 곳에 나아가서 공경하고 공양 올릴 수 있게 된다. 또한 헤아릴 수도 없이 많은 모든 부처님들의 처소를 두루 다니면서 모든 공덕을 닦을 수도 있게 된다. 미륵이여, 마땅히 알아야 한다. 그 어떤 보살이라도 부처님의 지혜를 의심하면 큰 이익을 잃어버린다는 것을. 그러므로 반드시 모든 부처님들의 위없는 지혜를 분명히 믿어야 한다.”

미륵보살이 부처님께 여쭈었다.

“세존이시여, 이 세계의 얼마나 많은 불퇴전보살들이 극락에 왕생하는 것입니까?”

부처님께서 미륵보살에게 말씀하셨다.

“이 세계에 있는 67억의 불퇴전 보살들이 극락에 왕생할 것이다. 그 하나하나의 보살들은 이미 오래전부터 무수한 모든 부처님들께 공양을 올려왔고, 그 보살들은 미륵과도 같은 이들이다. 그리고 수행이 작은 보살들과 공덕이 작은 이들도 셀 수 없이 많은데, 그들도 모두 왕생할 것이다.”

부처님께서 미륵보살에게 말씀하셨다.

“나의 국토에 있는 보살들만 극락에 왕생하는 것이 아니라, 다른 불국토에 있는 보살들 또한 극락에 왕생할 것이다.

첫 번째 원조부처님 국토에서는 180억 보살들이 모두 왕생할 것이다.

두 번째 보장부처님 국토에서는 90억 보살들이 모두 왕생할 것이고, 세

번째 무량음부처님 국토에서는 220억 보살들이 모두 왕생할 것이며,
네 번째 감로미부처님 국토에서는 250억 보살들이 모두 왕생할 것이
다.

다섯 번째 용승부처님 국토에서는 14억 보살들이 모두 왕생할 것이고,
여섯 번째 승력부처님 국토에서는 1만4천 보살들이 모두 왕생할 것이
며, 일곱 번째 사자부처님 국토에서는 500억 보살들이 모두 왕생할 것
이다.

여덟 번째 이구광부처님 국토에서는 80억 보살들이 모두 왕생할 것이
고, 아홉 번째 덕수부처님 국토에서는 60억 보살들이 모두 왕생할 것이
며, 열 번째 묘덕산부처님 국토에서는 60억 보살들이 모두 왕생할 것이
다.

열한 번째 인왕부처님 국토에서는 10억 보살들이 모두 왕생할 것이다.
그리고 열두 번째 부처님은 무상화부처님이신데, 그곳에는 셀 수도 없
을 만큼의 많은 보살들이 있다. 그들은 모두 불퇴전보살로서 지혜롭고,
용맹스러우며, 이미 오래전부터 무량한 모든 부처님들께 공양을 올려
왔다. 그들은 다른 보살들이 백천억겁을 닦아야 얻을 수 있는 견고한
법력을 불과 7일 안에 성취해낸 이들이다. 이 보살들도 모두 왕생할 것
이다. 열세 번째 부처님은 무외부처님이시고, 그곳에는 790억의 대보
살들이 있고 그외 모든 소보살들과 비구들도 셀 수 없이 많은데, 그들
도 모두 왕생할 것이다.”

부처님께서 미륵보살에게 말씀하셨다.

“이 14곳의 불국토에 있는 모든 보살들만 극락에 왕생하는 것이 아니
라, 시방세계의 무량한 불국토에서 왕생하는 이들도 이와 같이 수없이

많아서 셀 수가 없다. 내가 시방세계 모든 부처님들의 이름과 극락에 왕생하게 될 보살들과 비구들의 이름만 밤낮으로 말한다고 해도 1겁 안에는 다할 수가 없다.

나는 지금 그대들을 위해 간략히 말했을 뿐이다."

3. 유통분

부처님께서 미륵보살에게 말씀하셨다.

"아미타불의 이름을 듣고서 뛸뜻이 기뻐하거나, 아미타불을 단 한 번만이라도 염불한다면 이 사람은 큰 이익을 얻고 위없는 공덕을 성취한다는 것을 마땅히 알아야 한다. 그러므로 미륵이여, 설령 삼천대천세계가 큰 불로 가득찬다 해도 반드시 그것을 뚫고 나아가서 이 무량수경의 법문을 듣고 기쁜 마음으로 믿고 좋아하며, 받아 지닌 다음 독송하고, 가르침대로 실천해야 한다. 왜냐하면 많은 보살들이 이 무량수경을 듣고 싶어해도 결코 쉽게 들을 수 없기 때문이다. 만약 어떤 중생이 이 무량수경을 듣게 된다면, 그는 위없는 도에서 결코 뒤로 물러나지 않게 될 것이다. 그러므로 반드시 한마음으로 믿고, 받아 지닌 다음 독송하고 설하며, 가르침대로 실천해야 한다."

부처님께서 말씀하셨다.

"나는 지금 모든 중생들을 위해 무량수경을 설하였고, 아미타불을 친견하게 하였으며, 극락에 있는 모든 것들을 보여주었다. 그러니 그대들은 모두 극락에 왕생하기를 원해야 한다. 그리고 내가 열반에 든 뒤에는 다시 의심을 일으켜서는 안된다. 미래 세상에 경전의 가르침이 사라진다 해도, 나는 자비심으로 중생들을 가엾이 여겨 특별히 이 무량수경만은 100년을 더 세상에 머물게 할 것이다. 어떤 중생이라도 이 무량수경을 만난다면 원하는대로 모두 다 제도를 받게 될 것이다.”

부처님께서 미륵보살에게 말씀하셨다.

“부처님께서 계시는 세상에 태어나기 어렵고, 부처님을 직접 뵙는 것 또한 어렵다. 모든 부처님들 경전의 가르침을 얻기 어렵고, 듣기도 어렵다. 보살의 수승한 법인 육바라밀 역시 듣기 어렵고, 선지식을 만나서 법을 듣고 잘 수행하는 것 또한 어렵다. 그중에서도 이 무량수경을 듣고서 믿고 좋아하면서 받아 지니는 것은, 어려운 일중에 어려운 일로서 이보다 더 어려운 일은 없다. 그러므로 나는 이 법을 이와 같이 보여주고, 이와 같이 설하며, 이와 같이 가르치는 것이다. 그러니 반드시 믿고 잘 따르면서 가르침대로 실천해야 한다.”

부처님께서 이 무량수경을 설하실 때 한없는 중생들 모두가 무상정각의 마음을 일으켰다. 그중에서 1만2천 나유타 사람들은 청정한 법안을 얻었고, 22억의 천인과 사람들은 아나함과를 얻었으며, 80만 비구들은 번뇌를 끊고 아라한과를 얻었다. 또 40억 보살들은 불퇴전을 얻었고, 큰 서원을 세운 공덕으로 스스로를 장엄하여 다음 세상에는 반드시 부처가 될 것이다. 그때 삼천대천세계는 여섯 가지로 진동하였고, 큰 광명이 시방세계를 널리 비추었다. 또한 백천 가지 음악이 저절로 울려 퍼졌고, 수없이 많은 아름다운 꽃들이 흩날리면서 하늘에서 내려왔다.

부처님께서 이 무량수경을 설하시고 나니, 미륵보살과 시방세계에서 온 모든 보살들 그리고 장로 아난을 비롯한 모든 큰 성문들과 모든 대중들은 부처님의 설법을 듣고 기뻐하지 않는 이가 없었다.

佛說無量壽經

(漢字 原文)

1.序分

2.正宗分

3.流通分

1. 序分

如聞如是。一時佛住王舍城耆闍崛山中，與大比丘衆萬二千人俱，一切大聖神通已達，其名曰：尊者了本際、尊者正願、尊者正語、尊者大號、尊者仁賢、尊者離垢、尊者名聞、尊者善實、尊者具足、尊者牛王、尊者優樓頻螺迦葉、尊者伽耶迦葉、尊者那提迦葉、尊者摩訶迦葉、尊者舍利弗、尊者大目犍連、尊者劫賓那、尊者大住、尊者大淨志、尊者摩訶周那、尊者滿願子、尊者離障、尊者流灌、尊者堅伏、尊者面王、尊者果乘、尊者仁性、尊者喜樂、尊者善來、尊者羅云、尊者阿難，皆如斯等上首者也；又與大乘衆菩薩俱，普賢菩薩、妙德菩薩、慈氏菩薩等，此賢劫中一切菩薩；又賢護等十六正士；善思議菩薩、信慧菩薩、空無菩薩、神通華菩薩、光英菩薩、慧上菩薩、智幢菩薩、寂根菩薩、願慧菩薩、香象菩薩、寶英菩薩、中住菩薩、制行菩薩、解脫菩薩；皆遵普賢大士之德，具諸菩薩無量行願，安住一切功德之法，遊步十方，行權方便，入佛法藏究竟彼岸，於無量世界現成等覺。

處兜率天，弘宣正法，捨彼天宮，降神母胎，從右脅生，現行七步，光明顯耀，普照十方，無量佛土，六種振動，舉聲自稱：「吾當於世，為無上尊，釋梵奉侍，天人歸仰！」示現算計文藝射御，博綜道術，貫練群籍，遊於後園，講武試藝。現處宮中，色味之間。見老病死，悟世非常。棄國財位，入山學道。服乘白馬，寶冠瓔珞，遣之令還。捨珍妙衣，而著法服。剃除鬚髮，端坐樹下，勤苦六年，行如所應。現五濁剎，隨順群生。示有塵垢，沐浴金流。天按樹枝，得攀出池，靈禽翼從，往諧道場，吉祥感徵，表章功祚。哀受施草，敷佛樹下，跏趺而坐。奮大光明，使魔知之，魔率官屬，而來逼試，制以智力，皆令降伏。得微妙法，成最正覺。釋梵祈勸，請轉法輪，以佛遊步，佛吼而吼。扣法鼓，吹法螺，執法劍，建法幢，震法雷，曜法電，澍法雨，演法施，常以法音覺諸世間。光明普照無量佛土，一切世界，六種震動。總攝魔界，動魔宮殿，眾魔攝怖，莫不歸伏。摑裂邪網，消滅諸見，散諸塵勞，壞諸欲塹。嚴護法城，開闡法門。洗灌垢污，顯明清白，光融佛法，宣流正化。

入國分衛，護諸豐膳。貯功德，示福田。欲宣法，現欣笑。以諸法藥，救療三苦，顯現道意，無量功德。授菩薩記，成等正覺。示現滅度，拯濟無極。消除諸漏，植眾德本。具足功德，微妙難量；遊諸佛國，普現道教。其所修行，清淨無穢。譬如幻師，現眾異像。為男為女，無所不變。本學明了，在意所為。此諸菩薩，亦復如是。學一切法，貫綜縷練，所住安諦，靡不感化。無數佛土，皆悉普現。未曾慢恣，愍傷眾生。如是之法，一切具足。

菩薩經典，究暢要妙，名稱普至，道御十方。無量諸佛，咸共護念。佛所住者，皆已得住。大聖所立，而皆已立。如來道化，各能宣布。爲諸菩薩，而作大師。以甚深禪慧，開導眾生。通諸法性，達眾生相。明了諸國，供養諸佛。化現其身，猶如電光，善學無畏之網，曉了幻化之法。壞裂魔網，解諸纏縛。超越聲聞、緣覺之地，得空無相無願三昧。善立方便，顯示三乘。於此化終，而現滅度。亦無所作，亦無所有。不起不滅，得平等法。具足成就無量總持百千三昧。

諸根智慧，廣普寂定。深入菩薩法藏，得佛華嚴三昧，宣揚演說一切經典。住深定門，悉睹現在無量諸佛，一念之頃，無不周遍。濟諸劇難，諸閑不閑，分別顯示真實之際，得諸如來辯才之智。入眾言音，開化一切。超過世間諸所有法，心常諦住度世之道。於一切萬物，隨意自在。爲諸庶類，作不請之友。荷負群生，爲之重擔。受持如來甚深法藏，護佛種性，常使不絕。興大悲，愍眾生。演慈辯，授法眼。杜三趣，開善門。以不請之法，施諸黎庶。如純孝之子，愛敬父母。於諸眾生，視若自己，一切善本，皆度彼岸。悉獲諸佛無量功德。智慧聖明，不可思議。如是之等菩薩大士，不可稱計，一時來會。

爾時世尊，諸根悅豫，姿色清淨，光顏巍巍。尊者阿難，承佛聖旨，即從座起，偏袒右肩，長跪合掌，而白佛言：「今日世尊，諸根悅豫，姿色清淨，光顏巍巍。如明鏡淨，影暢表裡。威容顯耀，超絕無量。未曾瞻睹殊妙如今！唯然大聖，我心念言：『今日世尊住奇特之法；今日世雄住諸佛所住；今日世眼住導師之行；今日世英住最勝之道；今日天尊行如來之德；去來現在，佛佛相念，得無今佛念諸佛耶？何故威神光光乃爾？』於是世尊告阿難曰：「云何，阿難！諸天教汝來問佛耶？自以慧見問威顏乎？」阿難白佛：「無有諸天來教我者，自以所見問斯義耳。」

佛言：「善哉！阿難！所問甚快，發深智慧，真妙辯才，愍念衆生，問斯慧義。如來以無盡大悲，矜哀三界，所以出興於世，光闡道教。欲拯濟群萌，惠以真實之利。無量億劫，難值難見。猶靈瑞華，時時乃出。今所問者，多所饒益，開化一切諸天人民。阿難！當知如來正覺，其智難量，多所導御。慧見無礙，無能遏絕。以一餐之力，能住壽命憶百千劫，無數無量，復過於此，諸根悅豫，不以毀損，姿色不變，光顏無異。所以者何？如來定慧，究暢無極，於一切法，而得自在。阿難諦聽！今為汝說！」對曰：「唯然！願樂欲聞！」

2. 正宗分

佛告阿難:「乃往過去久遠無量不可思議無央數劫,錠光如來,興出於世,教化度脫無量眾生,皆令得道,乃取滅度。次有如來,名曰光遠,次名月光,次名旃檀香,次名善山王,次名須彌天冠,次名須彌等曜,次名月色,次名正念,次名離垢,次名無著,次名龍天,次名夜光,次名安明頂,次名不動地,次名琉璃妙華,次名琉璃金色,次名金藏,次名炎光,次名炎根,次名地種,次名月像,次名日音,次名解脫華,次名莊嚴光明,次名海覺神通,次名水光,次名大香,次名離塵垢,次名捨厭意,次名寶炎,次名妙頂,次名勇立,次名功德持慧,次名蔽日月光,次名日月琉璃光,次名無上琉璃光,次名最上首,次名菩提華,次名月明,次名日光,次名華色王,次名水月光,次名除癡冥,次名度蓋行,次名淨信,次名善宿,次名威神,次名法慧,次名鸞音,次名師子音,次名龍音,次名處世,如此諸佛,皆悉已過。」

爾時,次有佛,名世自在王,如來、應供、等正覺、明行足、善逝、世間解、無上士、調御丈夫、天人師、佛世尊。時有國王,聞佛說法，心懷悅豫，尋發無上正真道意，棄國捐王，行作沙門，號曰法藏，高才勇哲，與世超異。詣世自在王如來所，稽首佛足，右繞三匝，長跪合掌，以頌讚曰：

光顏巍巍，　威神無極。如是炎明，　無與等者。
日月摩尼，　珠光焰耀，　皆悉隱蔽，　猶如聚墨。
如來容顏，　超世無倫。正覺大音，　響流十方。
戒聞精進，　三昧智慧，　威德無侶，　殊勝希有。
深諦善念，　諸佛法海，　窮深盡奧，　究其涯底。
無明欲怒，　世尊永無。人雄師子，　神德無量。
功勳廣大，　智慧深妙，　光明威相，　震動大千。
願我作佛，　齊聖法王。過度生死，　靡不解脫。
布施調意，　戒忍精進，　如是三昧，　智慧無上。
吾誓得佛，　普行此願。一切恐懼，　為作大安。
假令有佛，　百千億萬，　無量大聖，　數如恆沙。
供養一切，　斯等諸佛，　不如求道，　堅正不卻。
譬如恆沙，　諸佛世界，　復不可計，　無數剎土。
光明悉照，　遍此諸國，　如是精進，　威神難量。
令我作佛，　國土第一。其眾奇妙，　道場超絕。
國如泥洹，　而無等雙。我當愍哀，　度脫一切。
十方來生，　心悅清淨，　已至我國，　快樂安隱。
幸佛信明，　是我真證。發願於彼，　力精所欲。
十方世尊，　智慧無礙，　常令此尊，　知我心行。

假使身止，諸苦毒中，我行精進，忍終不悔。

佛告阿難：「法藏比丘說此頌已，而白佛言：『唯然，世尊！我發無上正覺之心。願佛為我廣宣經法，我當修行，攝取佛國清淨莊嚴無量妙土。令我於世，速成正覺，拔諸生死勤苦之本。』」

佛告阿難：「時世自在王佛，謂法藏比丘：『如所修行，莊嚴佛土，汝自當知。』比丘白佛：『斯義弘深，非我境界。唯願世尊，廣為敷演諸佛如來淨土之行，我聞此己，當如說修行，成滿所願。』爾時，世自在王佛，知其高明，志願深廣，即為法藏比丘而說經言：『譬如大海，一人斗量，經歷劫數，尚可窮底，得其妙寶。人有至心精進，求道不止，會當剋果，何願不得？』」於是世自在王佛即為廣說二百一十億諸佛剎土，天人之善惡、國土之粗妙，應其心願，悉現與之。時彼比丘，聞佛所說嚴淨國土，皆悉睹見，起發無上殊勝之願。其心寂靜，志無所著。一切世間，無能及者。具足五劫，思惟攝取莊嚴佛國清淨之行。』

阿難白佛：「彼佛國土，壽量幾何？」佛言：「其佛壽命，四十二劫。時法藏比丘，攝取二百一十億諸佛妙土清淨之行。如是修已，詣彼佛所，稽首禮足，遶佛三匝，合掌而住，白佛言：『世尊！我已攝取莊嚴佛土清淨之行。』佛告比丘：『汝今可說，宜知是時，發起悅可一切大眾。菩薩聞已，修行比法，緣致滿足無量大願。』比丘白佛：『唯垂聽察！如我所願，當具說之：

設我得佛，國有地獄、餓鬼、畜生者，不取正覺。

設我得佛，國中天人壽終之後，復更三惡道者，不取正覺。

設我得佛，國中天人，不悉真金色者，不取正覺。

設我得佛，國中天人，形色不同有好醜者，不取正覺。

設我得佛，國中天人，不識宿命，下至知百千億那由他諸劫事者，不取正覺。

設我得佛，國中天人，不得天眼，下至見百千億那由他諸佛國者，不取正覺。

設我得佛，國中天人，不得天耳，下至聞百千億那由他諸佛所說，不悉受持者，不取正覺。

設我得佛，國中天人，不得見他心智，下至知百千億那由他諸佛國中衆生心念者，不取正覺。

設我得佛，國中天人，不得神足，於一念頃，下至不能超過百千億那由他諸佛國者，不取正覺。

設我得佛，國中天人，若起想念貪計身者，不取正覺。

設我得佛，國中天人，不住定聚，必至滅度者，不取正覺。

設我得佛，光明有限量，下至不照百千億那由他諸佛國者，不取正覺。

設我得佛，壽命有限量，下至知百千億那由他劫者，不取正覺。

設我得佛，國中聲聞，有能計量，乃至三千大千世界眾生，悉成緣覺，於百千劫，悉共計校知其數者，不取正覺。

設我得佛，國中天人，壽命無能限量，除其本願，修短自在。若不爾者，不取正覺。

設我得佛，國中天人，乃至聞有不善名者，不取正覺。

設我得佛，十方世界無量諸佛，不悉咨嗟稱我名者，不取正覺。

設我得佛，十方眾生，至心信樂，欲生我國，乃至十念，若不生者，不取正覺。唯除五逆，誹謗正法。

設我得佛，十方眾生，發菩提心，修諸功德，至心發願，欲生我國，臨壽終時，假令不與大眾圍繞現其人前者，不取正覺。

設我得佛，十方眾生，聞我名號，繫念我國，植諸德本，至心迴向，欲生我國，不果遂者，不取正覺。

設我得佛，國中天人，不悉成滿三十二大人相者，不取正覺。

設我得佛，他方佛土諸菩薩眾，來生我國，究竟必至一生補處。除其本願，自在所化。為眾生故，被弘誓鎧，積累德本，度脫一切，遊諸佛國，修菩薩行，供養十方諸佛如來。開化恆沙無量眾生，使立無上正真之道，超出常倫，諸地之行，現前修習普賢之德。若不爾者，不取正覺。

設我得佛，國中菩薩，承佛神力，供養諸佛，一食之頃，不能遍至無量，無數億那由他諸佛國者，不取正覺。

設我得佛，國中菩薩，在諸佛前，現其德本，諸所求欲供養之具，若不如意者，不取正覺。

設我得佛，國中菩薩，不能演說一切智者，不取正覺。

設我得佛，國中菩薩，不得金剛那羅延身者，不取正覺。

設我得佛，國中天人，一切萬物，嚴淨光麗，形色殊特，窮微極妙，無能稱量。其諸衆生，乃至逮得天眼，有能明了，辯其名數者，不取正覺。

設我得佛，國中菩薩，乃至少功德者，不能知見其道場樹無量光色，高四百萬里者，不取正覺。

設我得佛，國中菩薩，若受讀經法，諷誦持說，而不得辯才智慧者，不取正覺。

設我得佛，國中菩薩，智慧辯才若可限量者，不取正覺。

設我得佛，國土清淨，皆悉照見十方一切無量無數不可思議諸佛世界，猶如明鏡，睹其面像。若不爾者，不取正覺。

設我得佛，自地以上，至於虛空，宮殿樓觀，池流華樹，國土所有一切萬物，皆以無量雜寶百千種香而共合成。嚴飾奇妙，超諸天人。其香普薰十方世界。菩薩聞者，皆修佛行。若不爾者，不取正覺。

設我得佛，十方無量不可思議諸佛世界衆生之類，蒙我光明觸其身者，身心柔軟，超過天人。若不爾者，不取正覺。

設我得佛，十方無量不可思議諸佛世界眾生之類，聞我名字，不得菩薩無生法忍諸深總持者，不取正覺。

設我得佛，十方無量不可思議諸佛世界，其有女人，聞我名字，歡喜信樂，發菩提心，厭惡女身，壽終之後，復為女像者，不取正覺。

設我得佛，十方無量不可思議諸佛世界諸菩薩眾，聞我名字，壽終之後，常修梵行，至成佛道。若不爾者，不取正覺。

設我得佛，十方無量不可思議諸佛世界諸天人民，聞我名字，五體投地，稽首作禮，歡喜信樂，修菩薩行，諸天世人，莫不致敬。若不爾者，不取正覺。

設我得佛，國中天人，欲得衣服，隨念即至，如佛所讚應法妙服，自然在身。若有裁縫擣染浣濯者，不取正覺。

設我得佛，國中天人，所受快樂，不如漏盡比丘者，不取正覺。

設我得佛，國中菩薩，隨意欲見十方無量嚴淨佛土，應時如願，於寶樹中，皆悉照見，猶如明鏡，睹其面像。若不爾者，不取正覺。

設我得佛，他方國土諸菩薩衆，聞我名字，至於得佛，諸根缺陋不具足者，不取正覺。

設我得佛，他方國土諸菩薩衆，聞我名字，皆悉逮得淸淨解脫三昧，住是三昧，一發意頃，供養無量不可思議諸佛世尊，而不失定意。若不爾者，不取正覺。

設我得佛，他方國土諸菩薩衆，聞我名字，壽終之後，生尊貴家。若不爾者，不取正覺。

設我得佛，他方國土諸菩薩衆，聞我名字，歡喜踊躍，修菩薩行，具足德本。若不爾者，不取正覺。

設我得佛，他方國土諸菩薩衆，聞我名宇，皆悉逮得普等三昧。住是三昧，至於成佛，常見無量不可思議一切諸佛。若不爾者，不取正覺。

設我得佛，國中菩薩，隨其志願所欲聞法，自然得聞。若不爾者，不取正覺。

設我得佛，他方國土諸菩薩衆，聞我名宇，不即得至不退轉者，不取正覺。

設我得佛，他方國土諸菩薩眾，聞我名字，不即得至第一忍，第二第三法忍，於諸佛法不能即得不退轉者，不取正覺。』」

佛告阿難：「爾時，法藏比丘說此願已，以偈頌曰：

我建超世願，必至無上道，斯願不滿足，誓不成等覺。
我於無量劫，不為大施主，普濟諸貧苦，誓不成等覺。
我至成佛道，名聲超十方，究竟有不聞，誓不成等覺。
離欲深正念，淨慧修梵行，志求無上尊，為諸天人師。
神力演大光，普照無際土，消除三垢冥，明濟眾厄難。
開彼智慧眼，滅此昏盲闇，閉塞諸惡道，通達善趣門。
功祚成滿足，威曜朗十方，日月戢重暉，天光隱不現。
為眾開法藏，廣施功德寶，常於大眾中，說法師子吼。
供養一切佛，具足眾德本，願慧悉成滿，得為三界雄。
如佛無量智，通達靡不照，願我功德力，等此最勝尊，
斯願若剋果，大千應感動，虛空諸天神，當雨珍妙華。

佛謂阿難：「法藏比丘說此頌已，應時普地六種震動，天雨妙華，以散其上。自然音樂，空中讚言：『決定必成無上正覺！』於是法藏比丘具足修滿如是大願，誠諦不虛，超出世間，深樂寂滅。阿難！法藏比丘於其佛所，諸天、魔、梵龍神八部大眾之中，發斯弘誓，建此願已，一向專志莊嚴妙土。所修佛國，開廓廣大，超勝獨妙，建立常然，無衰無變。於不可思議兆載永劫，積

植菩薩無量德行，不生欲覺、瞋覺、害覺，不起欲想、瞋想、害想，不著色聲香味觸法，忍力成就，不計衆苦。少欲知足，無染恚癡，三昧常寂，智慧無礙，無者虛偽諂曲之心，和顏愛語先意承問。勇猛精進，志願無倦。專求清白之法，以惠利群生。恭敬三寶，奉事師長。以大莊嚴具足衆行，令諸衆生功德成就。

「住空無相無願之法，無作無起，觀法如化。遠離麤言，自害害彼，彼此俱害。修習善語，自利利人，人我兼利。棄國捐王，絕去財色，自行六波羅密，教人令行。無央數劫，積功累德。隨其生處，在意所欲，無量寶藏自然發應。教化安立無數衆生，住於無上正真之道。或為長者居士豪姓尊貴，或為剎利國君轉輪聖帝，或為六欲天主乃至梵王。常以四事供養恭敬一切諸佛，如是功德不可稱說。口氣香潔如優鉢羅華，身諸毛孔出栴檀香，其香普熏無量世界。容色端正，相好殊妙；其手常出無盡之寶，衣服飲食、珍妙華香、繒蓋幢幡莊嚴之具，如是等事，超諸天人，於一切法，而得自在。」

阿難白佛：「法藏菩薩為已成佛而取滅度？為未成佛？為今現在？」佛告阿難：「法藏菩薩今已成佛，現在西方，去此十萬億剎，其佛世界名曰安樂。」阿難又問：「其佛成道已來為經幾時？」

佛言：「成佛已來，凡歷十劫，其佛國土，自然七寶，金、銀、琉璃、珊瑚、琥珀、硨磲、瑪瑙合成為地，恢廓曠蕩，不可限極，悉相

雜厠，轉相間人。光赫煜爍，微妙奇麗，清淨莊嚴，超踰十方一
切世界眾寶中精，其寶猶如第六天寶。又其國土，無須彌山，及
金剛圍一切諸山，亦無大海、小海、溪渠、井谷，佛神力故，欲見
則見。亦無地獄、餓鬼、畜生諸難之趣。亦無四時春夏秋冬，不寒不
熱，常和調適。」

爾時，阿難白佛言：「世尊！若彼國土，無須彌山，其四天王及
忉利天，依何而住？」佛語阿難：「第三炎天，乃至色究竟天，皆
依何住？」阿難白佛：「行業果報，不可思議。」佛語阿難：「行業
果報不可思議，諸佛世界亦不可思議，其諸眾生功德善力，住行
業之地，故能爾耳。」阿難白佛：「我不疑此法，但為將來眾生，
欲除其疑惑，故問斯義。」

佛告阿難：「無量壽佛威神光明最尊第一，諸佛光明所不能及。或
照百佛世界，或千佛世界，取要言之，乃照東方恆沙佛剎，南西
北方，四維上下，亦復如是；或有佛光照於七尺，或照一由旬，
二三四五由旬，如是轉倍，乃至照一佛剎，是故無量壽佛號無量
光佛、無邊光佛、無礙光佛、無對光佛、炎王光佛、清淨光佛、歡喜光
佛、智慧光佛、不斷光佛、難思光佛、無稱光佛、超日月光佛。其有眾
生遇斯光者，三垢消滅，身意柔軟，歡喜踊躍，善心生焉。若在
三塗極苦之處，見此光明，皆得休息，無復苦惱，壽終之後，皆
蒙解脫。無量壽佛，光明顯赫，照曜十方，諸佛國土，莫不聞焉。
不但我今稱其光明，一切諸佛、聲聞、緣覺、諸菩薩眾咸共歎譽，

亦復如是。若有衆生，聞其光明威神功德，日夜稱說，至心不斷，隨意所願，得生其國。為諸菩薩、聲聞之衆所共歎譽、稱其功德；至其然後得佛道時，普為十方諸佛菩薩歎其光明，亦如今也。」

佛言：「我說無量壽佛光明威神，巍巍殊妙，晝夜一劫，尚未能盡！」

佛語阿難：「又無量壽佛，壽命長久，不可稱計，汝寧知乎？假使十方世界無量衆生皆得人身，悉令成就聲聞、緣覺，都共集會禪思一心，竭其智力，於百千萬劫悉共推算，計其壽命長遠之數，不能窮盡，知其限極。聲聞菩薩、天人之衆，壽命長短亦復如是，非算數譬喻所能知也。又聲聞菩薩其數難量不可稱說，神智洞達威力自在，能於掌中持一切世界。」

佛語阿難：「彼佛初會，聲聞衆數不可稱計，菩薩亦然。能如大目犍連，百千萬億無量無數，於阿僧祇那由他劫，乃至滅度，悉共計校，不能究了多少之數。譬如大海，深廣無量。假使有人析其一毛，以為百分，以一分毛沾取一渧，於意云何？其所渧者，於彼大海，何所為多？」阿難白佛：「彼所渧水比於大海，多少之量，非巧歷算數言辭譬類所能知也。」佛語阿難：「如目連等，於百千萬億那由他劫，計彼初會聲聞、菩薩，所知數者猶如一渧，其所不知如大海水。

「又其國土，七寶諸樹，周滿世界，金樹、銀樹、琉璃樹、玻黎樹、珊瑚樹、瑪瑙樹、硨磲之樹；或有二寶、三寶，乃至七寶，轉共合成；或有金樹，銀葉華果；或有銀樹，金葉華果；或琉璃樹，玻黎為葉，華果亦然；或水精樹，琉璃為葉，華果亦然；或珊瑚樹，瑪瑙為葉，華果亦然；或瑪瑙樹，琉璃為葉，華果亦然；或硨磲樹，眾寶為葉，華果亦然。

「或有寶樹，紫金為本，白銀為莖，琉璃為枝，水精為條，珊瑚為葉，瑪瑙為華，硨磲為實；或有寶樹，白銀為本，琉璃為莖，水精為枝，珊瑚為條，瑪瑙為葉，硨磲為華，紫金為實；或有寶樹，琉璃為本，水精為莖，珊瑚為枝，瑪瑙為條，硨磲為葉，紫金為華，白銀為實；或有寶樹，水精為本，珊瑚為莖，瑪瑙為枝、硨磲為條，紫金為葉，白銀為華、琉璃為實；或有寶樹，珊瑚為本，瑪瑙為莖，硨磲為枝，紫金為條，白銀為葉，琉璃為華，水精為實；或有寶樹，瑪瑙為本，硨磲為莖，紫金為枝，白銀為條，琉璃為葉，水精為華，珊瑚為實；或有寶樹，硨磲為本，紫金為莖，白銀為枝，琉璃為條，水精為葉，珊瑚為華，瑪瑙為實。行行相值，莖莖相望，枝枝相準，葉葉相向，華華相順，實實相當，紫色光曜不可勝視。清風時發出五音聲，微妙宮商自然相和。

「又無量壽佛，其道場樹，高四百萬里，其本周圍五千由旬，枝葉四布二十萬里，一切眾寶自然合成，以月光摩尼，持海輪寶，衆寶之王，而莊嚴之，，周匝條間，垂寶瓔珞，百千萬色，種種異變，無量光炎，照曜無極。珍妙寶網，羅覆其上，一切莊嚴，隨應而現。微風徐動，吹諸寶樹，演出無量妙法音聲。其聲流布，徧諸佛國。聞其音者，得深法忍，住不退轉，至成佛道，耳根清徹，不遭苦患。目睹其色，鼻知其香，口嘗其味，身觸其光，心以法緣，皆得甚深法忍，住不退轉至成佛道，六根清徹，無諸惱患。阿難！若彼國土天人，見此樹者，得三法忍：一者音響忍；二者柔順忍；三者無生法忍。比皆無量壽佛威神力故，本願力故，滿足願故，明了願故，堅固願故，究竟願故。」

佛告阿難：「世間帝王有百千音樂，自轉輪聖王，乃至第六天上，伎樂音聲，展轉相勝千億萬倍。第六天上萬種樂音，不如無量壽國諸七寶樹一種音聲千億倍也！亦有自然萬種伎樂。又其樂聲，無非法音。清暢哀亮，微妙和雅，十方世界音聲之中，最為第一。

「其講堂、精舍、宮殿、樓觀，皆七寶莊嚴，自然化成，復以真珠明月摩尼衆寶以為交絡，覆蓋其上。內外左右，有諸浴池，或十由旬，或二十三十，乃至百千由旬；縱廣深淺，各皆一等。八功德水，湛然盈滿，清淨香潔，味如甘露。黃金池者，底白銀沙；白銀池者，底黃金沙；水精池者，底琉璃沙；琉璃池者，底水精沙；珊瑚池者，底琥珀沙；琥珀池者，底珊瑚沙；硨磲池者，底瑪瑙沙；瑪瑙池者，底硨磲沙；白玉池者，底紫金沙；紫金池者，底白玉沙；或二寶三寶，乃至七寶，轉共合成。其池岸上，有旃檀樹，華葉垂布，香氣普熏。天優鉢羅華、鉢曇摩華、拘牟頭華、分陀利華，雜色光茂，彌覆水上。

「彼諸菩薩，及聲聞衆，若入寶池，意欲令水沒足，水即沒足；欲令至膝，即至於膝；欲令至腰，水即至腰；欲令至頸，水即至頸；欲令灌身，自然灌身；欲令還復，水輒還復。調和冷煖，自然隨意，開神悅體，蕩除心垢，清明澄潔，淨若無形。寶沙映徹，無深不照，徹瀾迴流，轉相灌注，安詳徐逝，不遲不疾。波揚無量自然妙聲，隨其所應，莫不聞者。或聞佛聲，或聞法聲，或聞僧聲、或寂靜聲、空無我聲、大慈悲聲、波羅蜜聲，或十力無畏不共法聲、諸通慧聲、無所作聲、不起滅聲、無生忍聲、乃至甘露灌頂，衆妙法聲。如是等聲，稱其所聞，歡喜無量。

「隨順清淨離欲寂滅真實之義，隨順三寶力無所謂不共之法，隨順通慧菩薩聲聞所行之道。無有三塗苦難之名，但有自然快樂之音，是故其國，名曰極樂。

「阿難！彼佛國土，諸往生者，具足如是清淨色身，諸妙音聲，神通功德。所處宮殿，衣服飲食，衆妙華香，莊嚴之具，猶第六天自然之物。若欲食時，七寶鉢器，自然在前。金、銀、琉璃、硨磲、瑪瑙、珊瑚、琥珀、明月、真珠，如是諸鉢，隨意而至。百味飲食，自然盈滿。雖有此食，實無食者，但見色聞香，意以為食，自然飽足。身心柔軟，無所味著，事已化去，時至復現。

「彼佛國土，清淨安隱，微妙快樂，次於無為泥洹之道。其諸聲聞菩薩天人，智慧高明，神通洞達，咸同一類，形無異狀，但因順餘方，故有天人之名。顏貌端正，超世希有，容色微妙，非天非人，皆受自然虛無之身，無極之體。」

佛告阿難：「譬如世間貧窮乞人，在帝王邊，形貌容狀，寧可類乎？」阿難白佛：「假令此人在帝王邊，羸陋醜惡，無以為喻，百千萬億不可計倍。所以然者，貧窮乞人，底極斯下，衣不蔽形，食趣支命，飢寒困苦，人理殆盡。皆坐前世不植德本，積財不施，富有益慳，但欲唐得，貪求無厭。不信修善，犯惡山積。如是壽終，財寶消散。苦身聚積，為之憂惱，於己無益，徒為他有。無善可怙，無德可恃，是故死墮惡趣，受此長苦；罪畢得出，生為下賤，愚鄙斯極，示同人類。所以世間帝王，人中獨尊，皆由宿世積德所致。慈惠博施，仁愛兼濟，履信修善，無所違爭。是以壽終福應，得升善道。上生天上，享茲福樂。積善餘慶，今得為人，乃生王家，自然尊貴。儀容端正，眾所敬事。妙衣珍膳，隨心服御，宿福所追，故能致此。」

佛告阿難：「汝言是也。計如帝王，雖人中尊貴，形色端正，比之轉輪聖王，甚為鄙陋，猶彼乞人在帝王邊。轉輪聖王，威相殊妙，天下第一，比之忉利天王，又復醜惡，不得相喻萬億倍也。

假令天帝，比第六天王，百千億倍不相類也。設第六天王，比無量壽佛國菩薩聲聞，光顏容色，不相及逮，百千萬億不可計倍。」

佛告阿難：「無量壽國，其諸天人，衣服、飲食、華香、瓔珞、繒蓋幢幡、微妙音聲、所居舍宅宮殿樓閣，稱其形色，高下大小，或一寶二寶，乃至無量眾寶，隨意所欲，應念即至。又以眾寶妙衣，遍布其地，一切天人踐之而行。無量寶網，彌覆佛土，皆以金縷真珠百千雜寶奇妙珍異，莊嚴校飾，周匝四面，垂以寶鈴，光色晃曜，盡極嚴麗，自然德風，徐起微動。其風調和，不寒不暑，溫涼柔軟，不遲不疾。吹諸羅網，及眾寶樹，演發無量微妙法音，流布萬種溫雅德香。其有聞者，塵勞垢習，自然不起。風觸其身，皆得快樂，譬如比丘，得滅盡三昧。

「又風吹散華，遍滿佛土，隨色次第，而不雜亂，柔軟光澤，馨香芬烈。足履其上，蹈下四寸，隨舉足已，還復如故。華用已訖，地輒開裂，以次化沒，清淨無遺。隨其時節，風吹散華，如是六反。又眾寶蓮華，周滿世界，一一寶華，百千億葉，其華光明，無量種色，青色青光、白色白光，玄黃朱紫，光色赫然，煒燁煥爛，明曜日月，一一華中，出三十六百千億光，一一光中，出三十六百千億佛，身色紫金，相好殊特；一一諸佛，又放百千光明，普為十方說微妙法。如是諸佛，各各安立無量眾生於佛正道。」

佛告阿難：「其有眾生，生彼國者，皆悉住於正定之聚。所以者何？彼佛國中，無諸邪聚，及不定聚。十方恆沙諸佛如來，皆共讚歎無量壽佛威神功德不可思議。諸有眾生，聞其名號，信心歡喜，乃至一念，至心迴向，願生彼國，即得往生，住不退轉。唯除五逆，誹謗正法。」

佛告阿難：「十方世界諸天人民，其有至心願生彼國，凡有三輩。其上輩者，捨家棄欲，而作沙門，發菩提心，一向專念無量壽佛，修諸功德，願生彼國。此等眾生，臨壽終時，無量壽佛，與諸大眾，現其人前，即隨彼佛，往生其國，便於七寶華中，自然化生，住不退轉，智慧勇猛，神通自在。是故，阿難！其有眾生，欲於今世見無量壽佛，應發無上菩提之心，修行功德，願生彼國！」

佛語阿難：「其中輩者，十方世界諸天人民，其有至心，願生彼國，雖不能行作沙門，大修功德，當發無上菩提之心，一向專念無量壽佛，多少修善，奉持齋戒，起立塔像，飯食沙門，懸繒然燈，散華燒香，以此迴向，願生彼國。其人臨終，無量壽佛，化現其身，光明相好，具如真佛，與諸大眾，現其人前。即隨化佛往生其國，住不退轉，功德智慧，次如上輩者也。」

佛語阿難：「其下輩者，十方世界，諸天人民，其有至心，欲生彼國，假使不能作諸功德，當發無上菩提之心，一向專意，乃至

十念，念無量壽佛，願生其國。若聞深法，歡喜信樂，不生疑
惑，乃至一念，念於彼佛，以至誠心，願生其國。此人臨終，夢
見彼佛，亦得往生，功德智慧，次如中輩者也。」

佛告阿難：「無量壽佛，威神無極。十方世界，無量無邊不可思議
諸佛如來，莫不稱歎。於彼東方恆河沙佛國，無量無數諸菩薩
衆，皆悉往詣無量壽佛所，恭敬供養，及諸菩薩聲聞之衆，聽受
經法，宣布道化。南西北方，四維上下，亦復如是。」

爾時世尊，而說頌曰：

東方諸佛國，　其數如恆沙，　彼土諸菩薩，　往覲無量覺。
南西北四維，　上下亦復然，　彼土菩薩衆，　往覲無量覺。
一切諸菩薩，　各齎天妙華，　寶香無價衣，　供養無量覺。
咸然奏天樂，　暢發和雅音，　歌歎最勝尊，　供養無量覺。
究達神通慧，　遊入深法門，　具足功德藏，　妙智無等倫，
慧日朗世間，　消除生死雲，　恭敬遶三匝，　稽首無上尊。
見彼嚴淨土，　微妙難思議，　因發無量心，　願我國亦然。
應時無量尊，　動容發欣笑，　口出無數光，　遍照十方國。
迴光圍繞身，　三匝從頂入，　一切天人衆，　踊躍皆歡喜。
大士觀世音，　整服稽首問，　白佛何緣笑，　唯然願說意。
梵聲猶雷震，　八音暢妙響，　當授菩薩記，　今說仁諦聽。
十方來正士，　吾悉知彼願，　志求嚴淨土，　受決當作佛。

覺了一切法，　猶如夢幻響，　滿足諸妙願，　必成如是剎。

知法如電影，　究竟菩薩道，　其諸功德本，　受決當作佛。

通達諸法性，　一切空無我，　專求淨佛土，　必成如是剎。

諸佛告菩薩，　今覲安養佛，　聞法樂受行，　疾得清淨處。

至彼嚴淨國，　便速得神通，　必於無量尊，　受記成等覺。

其佛本願力，　聞名欲往生，　皆悉到彼國，　自致不退轉。

菩薩興至願，　願己國無異，　普念度一切，　名顯滿十方。

奉事億如來，　飛化遍諸剎，　恭敬歡喜去，　還到安養國。

若人無善心，　不得聞此經，　清淨有戒者，　乃獲聞正法。

曾更見世尊，　則能信此事，　謙敬聞奉行，　踊躍大歡喜。

憍慢弊懈怠，　難以信比法，　宿世見諸佛，　樂聽如是教。

聲聞或菩薩，　莫能究聖心，　譬如從生盲，　欲行開導人。

如來智慧海，　深廣無涯底，　二乘非所測，　唯佛獨明了。

假使一切人，　具足皆得道，　淨慧如本空，　億劫思佛智。

窮力極講說，　盡壽猶不知，　佛慧無邊際，　如是致清淨。

壽命甚難得，　佛世亦難值，　人有信慧難，　若聞精進求。

聞法能不忘，　見敬得大慶，　則我善親友，　是故當發意。

設滿世界火，　必過要聞法，　會當成佛道，　廣濟生死流。

佛告阿難：「彼國菩薩，　皆當究竟一生補處，　除其本願，　為眾生故，　以弘誓功德，　而自莊嚴，　普欲度脫一切眾生。阿難！彼佛國中，　諸聲聞眾，　身光一尋。菩薩光明照百由旬。有二菩薩，　最尊第一，　威神光明，　普照三千大千世界。」

阿難白佛：「彼二菩薩，其號云何？」佛言：「一名觀世音，二名大勢至。此二菩薩，於此國土，修菩薩行，命終轉化，生彼佛國。阿難！其有眾生，生彼國者，皆悉具足三十二相，智慧成滿，深入諸法，究暢要妙，神通無礙，諸根明利。其鈍根者，成就二忍。其利根者，得不可計無生法忍。又彼菩薩，乃至成佛，不受惡趣，神通自在，常識宿命。除生他方五濁惡世，示現同彼，如我國也。」

佛語阿難：「彼國菩薩，承佛威神，一食之頃，往詣十方無量世界，恭敬供養，諸佛世尊。隨心所念，華香、伎樂、衣蓋、幢幡，無數無量供養之具，自然化生，應念即至。珍妙殊特，非世所有，輒以奉散諸佛，及諸菩薩聲聞之眾。在虛空中，化成華蓋，光色昱爍，香氣普熏。其華周圓四百里者，如是轉倍，乃覆三千大千世界，隨其前後，以次化沒。其諸菩薩僉然欣悅，於虛空中，共奏天樂，以微妙音，歌歎佛德，聽受經法，歡喜無量。供養佛已，未食之前，忽然輕舉，還其本國。」

佛語阿難：「無量壽佛，為諸聲聞菩薩天人頒宣法時，都悉集會七寶講堂，廣宣道教，演暢妙法，莫不歡喜，心解得道。即時四方自然風起，吹七寶樹，出五音聲。無量妙華，隨風四散，自然供養，如是不絕。一切諸天，皆齎天上百千華香，萬種伎樂，供養其佛，及諸菩薩聲聞之眾。普散華香，奏諸音樂，前後來往，更相開避，當斯之時，熙怡快樂，不可勝言。」

佛告阿難：「生彼佛國諸菩薩等，所可講說，常宣正法，隨順智慧，無違無失。於其國土，所有萬物，無我所心，無染著心。去來進止，情無所係。隨意自在，無所適莫，無彼無我，無競無訟。於諸衆生，得大慈悲饒益之心。柔軟調伏，無忿恨心。離蓋清淨，無厭怠心。等心、勝心、深心、定心、愛法樂法喜法之心。滅諸煩惱，離惡趣心。究竟一切菩薩所行，具足成就無量功德。得深禪定，諸通明慧，遊志七覺，修心佛法。

「肉眼清徹，靡不分了；天眼通達，無量無限；法眼觀察，究竟諸道；慧眼見真，能度彼岸；佛眼具足，覺了法性，以無礙智爲人演說。等觀三界，空無所有，志求佛法，具諸辯才，除滅衆生煩惱之患。從如來生，解法如如，善知集滅音聲方便。不欣世語，樂在正論。修諸善本，志崇佛道。知一切法，皆悉寂滅。生身煩惱，二餘俱盡。聞甚深法，心不疑懼。常能修行其大悲者，深遠微妙，靡不覆載。究竟一乘，至於彼岸，決斷疑網，慧由心出。

「於佛教法，該羅無外，智慧如大海，三昧如山王。慧光明淨，超踰日月。清白之法，具足圓滿。猶如雪山，照諸功德等一淨故；猶如大地，淨穢好惡無異心故；猶如淨水，洗除塵勞諸垢染故；猶如火王，燒滅一切煩惱薪故；猶如大風，行諸世界無障礙故；猶如虛空，於一切有無所著故；猶如蓮華，於諸世間無染污故；猶如大乘，運載群萌出生死故；猶如重雲，震大法雷覺未覺故；猶如大雨，雨甘露法潤衆生故；如金剛山，衆魔外道不能動故；如

梵天王，於諸善法最上首故；如尼拘類樹，普覆一切故；如優曇
鉢華，希有難遇故；如金翅鳥，威伏外道故；如眾遊禽，無所藏
積故；猶如牛王，無能勝故；猶如象王，善調伏故；如師子王，
無所畏故；曠若虛空，大慈等故；摧滅嫉心，不忌勝故。

「專樂求法，心無厭足。常欲廣說，志無疲倦。擊法鼓，建法幢，
曜慧日，除癡闇。修六和敬，常行法施，志勇精進，心不退弱。為
世燈明，最勝福田。常為師導，等無憎愛，唯樂正道，無餘欣戚。
拔諸欲刺，以安群生。功德殊勝，莫不尊敬。滅三垢障，遊諸神
通。因力、緣力、意力、願力、方便之力；常力、善力、定力、慧力，多
聞之力；施戒忍辱，精進禪定、智慧之力；正念止觀，諸通明
力；如來調伏，諸眾生力。如是等力，一切具足。身色相好，功德
辯才，具足莊嚴，無與等者。恭敬供養無量諸佛，常為諸佛所共
稱歎。究竟菩薩諸波羅蜜，修空無相無願三昧，不生不滅諸三昧
門，遠離聲聞緣覺之地。阿難！彼諸菩薩，成就如是無量功德，
我但為汝略言之耳。若廣說者，百千萬劫不能窮盡。」

佛告彌勒菩薩諸天人等：「無量壽國，聲聞菩薩，功德智慧不可
稱說。又其國土，微妙安樂，清淨若此，何不力為善？念道之自
然。著於無上下，洞達無邊際，宜各勤精進，努力自求之。必得超
絕去，往生安樂國，橫截五惡道。道趣自然閉。昇道無窮極，易往
而無人，其國不逆違，自然之所牽。何不棄世事？勤行求道德；
可得極長生，壽樂無有極。

「然世人薄俗，共諍不急之事，於此劇惡極苦之中，勤身營務，以自給濟。無尊無卑，無貧無富，少長男女，共憂錢財，有無同然，憂思適等。屏營愁苦，累念積慮。為心走使，無有安時；有田憂田，有宅憂宅；牛馬、六畜、奴婢、錢財、衣食什物，復共憂之。重思累息，憂念愁怖，橫為非常水火、盜賊、怨家、債主，焚漂劫奪，消散磨滅，憂毒忪忪，無有解時。結憤心中，不離憂惱。心堅意固，適無縱捨。或坐摧碎，身亡命終，棄捐之去，莫誰隨者，尊貴豪富，亦有斯患，憂懼萬端，勤苦若此，結眾寒熱，與痛共居。貧窮下劣，困乏常無。無田亦憂欲有田，無宅亦憂欲有宅，無牛、馬、六畜、奴婢、錢財、衣食什物，亦憂欲有之。適有一，復少一，有是少是，思有齊等。適欲具有，便復糜散。如是憂苦，當復求索，不能時得，思想無益。身心俱勞，坐起不安，憂念相隨，勤苦若此，亦結眾寒熱，與痛共居，或時坐之，終身夭命，不肯為善，行道進德。壽終身死，當獨遠去，有所趣向，善惡之道，莫能知者。

「世間人民，父子兄弟，夫婦家室，中外親屬，當相敬愛，無相憎嫉。有無相通，無得貪惜，言色常和，莫相違戾。或時心諍，有所恚怒，今世恨意，微相憎嫉，後世轉劇，至成大怨。所以者何？世間之事，更相患害，雖不即時，應急相破。然含毒畜怒，結憤精神，自然剋識，不得相離，皆當對生，更相報復。人在世間，愛欲之中，獨生獨死，獨去獨來，當行至趣苦樂之地，身自當之，無有代者。善惡變化，殃福異處，宿豫嚴待，當獨趣入，遠到他所，莫能見者。善惡自然，追行所生，窈窈冥冥，別離久長，道路不同，會見無期。甚難甚難，今得相值。何不棄衆事，各遇強健時，努力勤修善，精進願度世，可得極長生。如何不求道，安所須待，欲何樂乎？如是世人，不信作善得善，為道得道；不信人死更生，惠施得福。善惡之事，都不信之，謂之不然，終無有是。但坐此故，且自見之，更相瞻視，先後同然。轉相承受，父餘教令，先人祖父，素不為善，不識道德，身愚神闇，心塞意閉。死生之趣，善惡之道，自不能見，無有語者。吉凶禍福，競各作之，無一怪也。生死常道，轉相嗣立，或父哭子，或子哭父，兄弟夫婦，更相哭泣。顛倒上下，無常根本，皆當過去，不可常保。教語開導，信之者少，是以生死流轉，無有休止。如此之人，蒙冥抵突，不信經法，心無遠慮，各欲快意，癡惑愛欲，不達於道德，迷沒於瞋怒，貪狼於財色。坐之不得道，當更惡趣苦，生死無窮已，哀哉甚可傷！

「或時室家父子，兄弟夫婦，一死一生，更相哀愍。恩愛思慕，憂念結縛，心意痛著，迭相顧戀，窮日卒歲，無有解已。教語道德，心不開明，思想恩好，不離情欲。惛蒙闇塞，愚惑所覆，不能深思熟計，心自端正，專精行道，決斷世事。便旋至竟，年壽終盡，不能得道，無可奈何。總猥憒擾，皆貪愛欲。惑道者衆，悟之者少，世間匆匆，無可聊賴。尊卑上下，貧富貴賤，勤苦匆務，各懷殺毒。惡氣窈冥，為妄興事。違逆天地，不從人心。自然非惡，先隨與之，恣聽所為，待其罪極。其壽未終，便頓奪之。下人惡道，累世勤苦，展轉其中，數千億劫，無有出期。痛不可言，甚可哀愍！」

佛告彌勒菩薩，諸天人等：「我今語汝，世間之事，人用是故，坐不得道。當熟思計，遠離衆惡。擇其善者，勤而行之。愛欲榮華，不可常保，皆當別離，無可樂者。遇佛在世，當勤精進。其有至願生安樂國者，可得智慧明達，功德殊勝。勿得隨心所欲，虧負經戒，在人後也。儻有疑意不解經者，可具問佛，當為說之。」

彌勒菩薩長跪白言：「佛威神尊重，所說快善。聽佛經語，貫心思之，世人實爾，如佛所言。今佛慈愍，顯示大道，耳目開明，長得度脫，聞佛所說，莫不歡喜。諸天人民蠕動之類，皆蒙慈恩，解脫憂苦。佛語教戒，甚深甚善，智慧明見，八方上下去來今事，莫不究暢。今我衆等，所以蒙得度脫，皆佛前世求道之時，謙苦所致。恩德普覆，福祿巍巍，光明徹照，達空無極，開人泥洹。教授典攬，威制消化。感動十方，無窮無極。佛為法王，尊超衆聖，普為一切天人之師，隨心所願，皆令得道。今得值佛，復聞無量壽聲，靡不歡喜，心得開明。」

佛告彌勒：「汝言是也。若有慈敬於佛者，實為大善。天下久久，乃復有佛。今我於此世作佛，演說經法，宣布道教，斷諸疑網，拔愛欲之本，杜衆惡之源。遊步三界，無所聖礙。典攬智慧，衆道之要，執持綱維，昭然分明。開示五趣，度未度者，決正生死泥洹之道。

「彌勒當知，汝從無數劫來，修菩薩行，欲度眾生，其已久遠。從汝得道，至於泥洹不可稱數。汝及十方諸天人民一切四眾，永劫已來，展轉五道，憂畏勤苦，不可具言，乃至今世，生死不絕，與佛相值，聽受經法，又復得聞無量壽佛，快哉甚善！吾助爾喜。

「汝今亦可自厭生死老病痛苦，惡露不淨，無可樂者。宜自決斷，端身正行，益作諸善。修己潔體，洗除心垢。言行忠信，表裡相應。人能自度，轉相拯濟，精明求願，積累善本。雖一世勤苦，須臾之間，後生無量壽國，快樂無極。長與道德合明，永拔生死根本，無復貪恚愚癡苦惱之患，欲壽一劫百劫，千億萬劫，自在隨意，皆可得之。無為自然，次於泥洹之道。汝等宜各精進，求心所願，無得疑惑中悔，自為過咎。生彼邊地七寶宮殿，五百歲中，受諸厄也。」彌勒白言：「受佛重誨，專精修學，如教奉行，不敢有疑。」

佛告彌勒：「汝等能於此世，端心正意，不作眾惡，甚為至德，十方世界，最無倫匹。所以者何？諸佛國土，天人之類，自然作善，不大為惡，易可開化。今我於此世間作佛，處於五惡五痛五燒之中，為最劇苦。教化群生，令捨五惡，令去五痛，令離五燒，降化其意，令持五善，獲其福德，度世長壽泥洹之道。」

佛言：「何等五惡？何等五痛？何等五燒？何等消化五惡，令持五善，獲其福德度世長壽泥洹之道？

「其一惡者：諸天人民蠕動之類，欲為衆惡，莫不皆然。強者伏弱，轉相剋賊，殘害殺戮，迭相吞噬，不知修善，惡逆無道。後受殃罰，自然趣向。神明記識，犯者不赦。故有貧窮下賤，乞丐狐獨，聾盲瘖啞，愚癡弊惡，至有尫狂不逮之屬。又有尊貴豪富，高才明達，皆由宿世慈孝，修善積德所致。世有常道，王法牢獄，不肯畏慎，為惡入罪，受其殃罰，求望解脫，難得勉出。世間有此目前現事，壽終後世，尤深尤劇。入其幽冥，轉生受身。譬如王法，痛苦極刑。

「故有自然三塗，無量苦惱。轉貿其身，改形易道，所受壽命，或長或短。魂神精識，自然趣之。當獨值向，相從共生。更相報復，無有止已。殃惡未盡，不得相離。展轉其中，無有出期，難得解脫，痛不可言。天地之間，自然有是，雖不即時卒暴應至，善惡之道，會當歸之。是為一大惡一痛一燒，勤苦如是。譬如大火焚燒人身，人能於中一心制意，端身正行，獨作諸善，不為衆惡者，身獨度脫，獲其福德度世上天泥洹之道，是為一大善也。」

佛言：「其二惡者，，世間人民，父子兄弟，室家夫婦，都無義理，不順法度，奢淫憍縱，各欲快意。任心自恣，更相欺惑。心口各異，言念無實。佞諂不忠，巧言諛媚。嫉賢謗善，陷入怨枉。主上不明，任用臣下；臣下自在，機偽多端。踐度能行，知其形勢。在位不正，為其所欺。妄損忠良，不當天心。臣欺其君，子欺其父，兄弟夫婦，中外知識，更相欺誑。各懷貪欲，瞋恚愚癡。欲自厚己，欲貪多有。尊卑上下，心俱同然。破家亡身，不顧前後。親屬內外，坐之滅族。或時室家知識，鄉黨市里，愚民野人，轉共從事。更相利害，忿成怨結。富有慳惜，不肯施與，愛保貪重，心勞身苦。如是至竟，無所恃怙，獨來獨去，無一隨者。善惡禍福，追命所生，或在樂處，或入苦毒，然後乃悔，當復何及！

「世間人民，心愚少智，見善憎謗，不思慕及，但欲為惡，妄作非法。常懷盜心，希望他利，消散磨盡，而復求索。邪心不正，懼人有色，不豫思計，事至乃悔。

「今世現有王法牢獄，隨罪趣向，受其殃罰。因其前世，不信道德，不修善本，今復為惡，天神剋識，別其名籍。壽終神逝，下入惡道。故有自然三塗，無量苦惱。展轉其中，世世累劫，無有出期，難得解脫，痛不可言。是為二大惡二痛二燒，勤苦如是。譬如大火焚燒人身，人能於中一心制意，端身正行，獨作諸善，不為眾惡者，身獨度脫，獲其福德度世上天泥洹之道，是為二大善也。」

佛言：「其三惡者，世間人民，相因寄生，共居天地之間。處年壽命，無能幾何。上有賢明長者尊貴豪富，下有貧窮厮賤，尪劣愚夫，中有不善之人。常懷邪惡，但念淫泆，煩滿胸中。愛欲交亂，坐起不安；貪意守惜，但欲唐得。眄睞細色，邪態外逸。自妻厭憎，私妄出入，費損家財，事為非法。交結聚會，興師相伐，攻劫殺戮，強奪無道。惡心在外，不自修業。盜竊趣得，欲擊成事。恐勢迫脅，歸給妻子，恣心快意，極身作樂。或於親屬，不避尊卑，家室中外，患而苦之，亦復不畏王法禁令。如是之惡，著於人鬼。日月照見，神明記識。故有自然三塗，無量苦惱。展轉其中，世世累劫，無有出期，難得解脫，痛不可言。是為三大惡三痛三燒，勤苦如是。譬如大火焚燒人身，人能於中一心制意，端身正行，獨作諸善，不為眾惡者，身獨度脫，獲其福德度世上天泥洹之道，是為三大善也。」

佛言：「其四惡者，世間人民，不念修善。轉相教令，共為眾惡。兩舌，惡口，妄言，綺語。讒賊鬥亂，憎嫉善人，敗壞賢明。於傍快喜。不孝二親，輕慢師長。朋友無信，難得誠實。尊貴自大，謂己有道。橫行威勢，侵易於人。不能自知，為惡無恥。自以強健，欲人敬難。不畏天地神明日月，不肯作善，難可降化。自用偃蹇，謂可常爾，無所憂懼，常懷憍慢。如是眾惡，天神記識。賴其前世頗作福德，小善扶接，營護助之。今世為惡，福德盡滅，諸善神鬼，各去離之，身獨空立，無所復依。壽命終盡，諸惡所歸，自然迫促，共趣奪之。又其名籍，記在神明。殃咎牽引，當往趣向。罪報自然，無從捨離。但得前行，入於火鑊。身心摧碎，精神痛苦。當斯之時，悔復何及？天道閃然，不得蹉跌。故有自然三塗，無量苦惱。展轉其中，世世累劫，無有出期，難得解脫，痛不可言。是為四大惡四痛四燒，勤苦如是。譬如大火焚燒人身，人能於中一心制意，端身正行，獨作諸善，不為眾惡，身獨度脫，獲其福德度世上天泥洹之道，是為四大善也。」

佛言：「其五惡者，世間人民，徙倚懈惰，不肯作善，治身修業。家室眷屬，飢寒困苦，父母教誨，瞋目怒應。言令不和，違戾反逆，譬如怨家，不如無子。取與無節，眾共患厭。負恩違義，無有報償之心。貧窮困乏，不能復得，辜較縱奪，放恣遊散。串數唐得，用自賑給，耽酒嗜美，飲食無度，肆心蕩逸，魯扈抵突。不識人情，強欲抑制。見人有善，妒嫉惡之。無義無禮，無所顧難，自用識當，不可諫曉。六親眷屬，所資有無，不能憂念。不惟父母之恩，不存師友之義。心常念惡，口常言惡，身常行惡，曾無一善。不信先聖諸佛經法，不信行道可得度世，不信死後神明更生。不信作善得善，為惡得惡。欲殺真人，鬥亂眾僧。欲害父母兄弟眷屬。六親憎惡，願令其死。如是世人，心意俱然，愚癡蒙昧，而自以智慧。不知生所從來，死所趣向。不仁不順，惡逆天地。而於其中，希望僥倖，欲求長生，會當歸死。慈心教誨，今其念善。開示生死，善惡之趣，自然有是，而不肯信之。苦心與語，無益其人，心中閉塞，意不開解，大命將終，悔懼交至。不豫修善，臨窮方悔。悔之於後，將何及乎？

「天地之間，五道分明，恢廓窈冥，浩浩茫茫。善惡報應，禍福相承，身自當之，無誰代者。數之自然，應其所行，殃咎追命，無得縱捨。善人行善，從樂入樂，從明入明；惡人行惡，從苦入苦，從冥入冥。誰能知者？獨佛知耳。教語開示，信用者少，生死不休，惡道不絕。如是世人，難可具盡，故有自然三塗，無量苦惱。展轉其中，世世累劫，無有出期，難得解脫，痛不可言。是為五大惡五痛五燒，勤苦如是。譬如大火焚燒人身，人能於中一心制意，端身正念，言行相副，所作至誠，所語如語，心口不轉，獨作諸善，不為衆惡，身獨度脫，獲其福德度世上天泥洹之道，是為五大善也。」

佛告彌勒：「吾語汝等，是世五惡，勤苦若此。五痛五燒，展轉相生，但作衆惡，不修善本，皆悉自然入諸惡趣，或其今世先被殃病，求死不得，求生不得，罪惡所招，示衆見之。身死隨行，入三惡道，苦毒無量，自相燋然，至其久後，共作怨結，從小微起，遂成大惡。皆由貪著財色，不能施惠，癡欲所迫，隨心思想，煩惱結縛，無有解已。厚己諍利，無所省錄。富貴榮華，當時快意。不能忍辱，不務修善。威勢無幾，隨以磨滅。身坐勞苦，久後大劇。天道弛張，自然糾舉，綱維羅網，上下相應，煢煢忪忪，富入其中。古今有是，痛哉可傷！」

佛語彌勒：「世間如是，佛皆哀之。以威神力，摧滅衆惡，悉令就善。棄捐所思。奉持經戒，受行道法，無所違失，終得度世泥洹之道。」

佛言：「汝今諸天人民，及後世人，得佛經語，當熟思之，能於其中，端心正行。主上為善，率化其下，轉相敕令，各自端守。尊聖敬善，仁慈博愛。佛語教誨，無敢虧負。當求度世，拔斷生死眾惡之本，當離三塗無量憂怖苦痛之道。汝等於是廣植德本，布恩施惠，勿犯道禁。忍辱精進，一心智慧。轉相教化，為德立善。正心正意，齋戒清淨，一日一夜，勝在無量壽國為善百歲。所以者何？彼佛國土，無為自然，皆積眾善，無毛髮之惡。於此修善，十日十夜，勝於他方諸佛國中為善千歲。所以者何？他方佛國，為善者多，為惡者少，福德自然，無造惡之地。唯此間多惡，無有自然，勤苦求欲，轉相欺殆，心勞形困，飲苦食毒，如是惡務，未嘗寧息。

「吾哀汝等天人之類，苦心誨喻，教令修善。隨宜開導，授與經法，莫不承用。在意所願，皆令得道。佛所遊履，國邑丘聚，靡不蒙化。天下和順、日月清明。風雨以時，災厲不起。國豐民安，兵戈無用。崇德興仁，務修禮讓。」

佛言：「我哀愍汝等諸天人民，甚於父母念子。今我於此世作佛，降化五惡，消除五痛，絕滅五燒，以善攻惡，拔生死之苦。令獲五德，升無為之安。吾去世後，經道漸滅，人民諂偽，復為眾惡。五燒五痛，還如前法。久後轉劇，不可悉說，我但為汝略言之耳。」

佛語彌勒：「汝等各善思之，轉相教誡，如佛經法，無得犯也。」

於是彌勒菩薩，合掌白言：「佛所說甚善，世人實爾。如來普慈哀愍，悉令度脫，受佛重誨，不敢違失。」

佛告阿難：「汝起，更整衣服，合掌恭敬，禮無量壽佛。十方國土諸佛如來，常共稱揚讚歎彼佛，無著無礙。」

於是阿難起整衣服，正身西面，恭敬合掌，五體投地，禮無量壽佛。白言：「世尊，願見彼佛安樂國土，及諸菩薩聲聞大眾。」說是語已，即時無量壽佛，放大光明，普照一切諸佛世界。金剛圍山、須彌山王、大小諸山，一切所有，皆同一色。譬如劫水彌滿世界，其中萬物沈沒不現，滉漾浩汗，唯見大水，彼佛光明，亦復如是。聲聞菩薩，一切光明，皆悉隱蔽，唯見佛光，明耀顯赫。爾時，阿難即見無量壽佛，威德巍巍，如須彌山王，高出一切諸世界上，相好光明，靡不照耀。」此會四眾，一時悉見；彼見此土，亦復如是。

爾時，佛告阿難及慈氏菩薩：「汝見彼國，從地已上，至淨居天，其中所有微妙嚴淨自然之物，為悉見不？」阿難對曰：「唯然已見。」

「汝寧復聞無量壽佛大音宣布一切世界化眾生不？」阿難對曰：「唯然已聞。」

「彼國人民，乘百千由旬七寶宮殿，無所障礙，遍至十方供養諸佛，汝復見不？」對曰：「已見。」

「彼國人民有胎生者，汝復見不？」對曰：「已見。其胎生者，所處宮殿，或百由旬，或五百由旬，各於其中受諸快樂，如忉利天，亦皆自然。」

爾時慈氏菩薩白佛言：「世尊！何因何緣，彼國人民，胎生化生？」佛告慈氏：「若有眾生，以疑惑心，修諸功德，願生彼國，不了佛智、不思議智、不可稱智、大乘廣智、無等無倫最上勝智。於此諸智，疑惑不信；然猶信罪福，修習善本，願生其國。此諸眾生，生彼宮殿，壽五百歲，常不見佛，不聞經法，不見菩薩聲聞聖眾。是故於彼國土，謂之胎生。若有眾生，明信佛智，乃至勝智，作諸功德，信心迴向，此諸眾生，於七寶華中，自然化生，跏趺而坐，須臾之頃，身相光明，智慧功德，如諸菩薩具足成就。復次，慈氏！他方諸大菩薩，發心欲見無量壽佛，恭敬供養，及諸菩薩聲聞聖眾。彼菩薩等，命終得生無量壽國，於七寶華中，自然化生。彌勒當知！彼化生者，智慧勝故；其胎生者，皆無智慧，於五百歲中，常不見佛，不聞經法，不見菩薩諸聲聞眾，無由供養於佛，不知菩薩法式，不得修習功德。當知此人，宿世之時，無有智慧，疑惑所致。」

佛告彌勒：「譬如轉輪聖王，別有七寶牢獄，種種莊嚴，張設床帳，懸諸繒蓋。若有諸小王子，得罪於王，輒內彼獄中，繫以金鎖。供養飯食衣服床蓐，華香伎樂，如轉輪王，無所乏少。於意云何？此諸王子，寧樂彼處不？」對曰：「不也！但種種方便，求諸大力，欲自勉出。」佛告彌勒：「此諸眾生，亦復如是。以疑惑佛智故，生彼七寶宮殿，無有刑罰，乃至一念惡事。但於五百歲中，不見三寶，不得供養修諸善本，以此為苦。雖有餘樂，猶不樂彼處。若此眾生，識其本罪，深自悔責，求離彼處，即得如意，往諸無量壽佛所，恭敬供養，亦得遍至無量無數諸餘佛所，修諸功德。彌勒當知！其有菩薩，生疑惑者，為失大利，是故應當明信諸佛無上智慧。」

彌勒菩薩白佛言：「世尊！於此世界，有幾所不退菩薩，生彼佛國？」佛告彌勒：「於此世界，有六十七億不退菩薩，往生彼國。一一菩薩，已曾供養無數諸佛，次如彌勒者也。諸小行菩薩，及修習少功德者，不可稱計，皆當往生。」

佛告彌勒：「不但我剎諸菩薩等，往生彼國。他方佛土，亦復如是。其第一佛，名曰遠照，彼有百八十億菩薩，皆當往生。其第二佛，名曰寶藏，彼有九十億菩薩，皆當往生。其第三佛名曰無量音，彼有二百二十億菩薩，皆當往生。其第四佛名曰甘露味，彼有二百五十億菩薩，皆當往生。其第五佛，名曰龍勝，彼有十四億菩薩，皆當往生。其第六佛名曰勝力，彼有萬四千菩薩，皆當往生。其第七佛，名曰師子，彼有五百億菩薩，皆當往生。其第八佛，名曰離垢光，彼有八十億菩薩，皆當往生。其第九佛，名曰德首，彼有六十億菩薩，皆當往生。其第十佛，名曰妙德山，彼有六十億菩薩，皆當往生。其第十一佛，名曰人王，彼有十億菩薩，皆當往生。其第十二佛，名曰無上華，彼有無數不可稱計諸菩薩眾，皆不退轉，智慧勇猛，已普供養無量諸佛，於七日中，即能攝取百千億劫大士所修堅固之法。斯等菩薩皆當往生。其第十三佛，名曰無畏，彼有七百九十億大菩薩眾，諸小菩薩，及比丘等，不可稱計，皆當往生。」

佛語彌勒：「不但此十四佛國中諸菩薩等，當往生也，十方世界無量佛國，其往生者，亦復如是，甚多無數。我但說十方諸佛名號，及菩薩比丘生彼國者，晝夜一劫，尚未能盡，我今為汝略說之耳。」

3. 流通分

佛告彌勒：「其有得聞彼佛名號，歡喜踊躍，乃至一念，當知此人，為得大利，則是具足無上功德。是故，彌勒！設有大火，充滿三千大千世界，要當過此，聞是經法，歡喜信樂，受持讀誦，如說修行。所以者何？多有菩薩，欲聞此經，而不能得。若有眾生，聞此經者，於無上道，終不退轉。是故，應當專心信受，持誦說行。吾今為諸眾生，說此經法，令見無量壽佛，及其國土一切所有。所當為者，皆可求之，無得以我滅度之後，復生疑惑。當來之世，經道滅盡，我以慈悲哀愍，特留此經，止住百歲。其有眾生，值斯經者，隨意所願，皆可得度。」

佛語彌勒：「如來興世，難值難見；諸佛經道，難得難聞；菩薩勝法，諸波羅蜜，得聞亦難；遇善知識，聞法能行，此亦為難。若聞斯經，信樂受持，難中之難，無過此難。是故我法，如是作，如是說，如是教。應當信順，如法修行。」

爾時世尊，說此經法，無量眾生，皆發無上正覺之心。萬二千那由他人，得清淨法眼。二十二億諸天人民，得阿那含果。八十萬比丘，漏盡意解。四十億菩薩，得不退轉。以弘誓功德而自莊嚴，於將來世，當成正覺。爾時三千大千世界六種震動，大光普照十方國土；百千音樂，自然而作；無量妙華，紛紛而降。

佛說經已，彌勒菩薩及十方來諸菩薩眾、長老阿難、諸大聲聞、一切大眾，聞佛所說，靡不歡喜。

불설무량수경

인쇄 2026년 01월 25일
발행 2026년 02월 05일

발행인 이극락

펴낸이 김윤희
펴낸곳 맑은소리맑은나라
디자인 김창미
출판등록 2000년 7월 10일   제 02-01-295 호
본사 부산광역시 수영구 좌수영로 125번길 14-3 올리브센터 2층
전화 051-255-0263   **팩스** 051-255-0953
이메일 puremind-ms@hanmail.net

값 17,000원
ISBN 979-11-93385-32-6(03220)